JN376414

율동 도해 포함

춤추며 찬양해 2

파이디온 어린이 찬양집

도서출판 디모데

찬양은 신앙의 표현이자 삶입니다.

우리의 간절한 소망은 온 세상의 다음 세대들이 온 마음을 다해 하나님을 찬양하고, 온 몸으로 하나님을 경배하는 것입니다. 우리 아이들이 교회 안과 밖에서 이런 문화를 만들어가기를 두 손 모아 기도합니다.

목차 (가나다순)

거룩한 주님의 날에(95) 15
거룩한 주님의 날에(98) 40
결심했어요 12
고마운 내친구 14
꿈꾸는 아이로 87
기도손 모으고 90

나 때문에 17
나를 사랑하신 예수님 37
나무 아저씨처럼 41
나 사는 동안 주님만 58
나의 작은 소망 6
나의 주님 91
나 이제 말할 수 있어요 42
나 이제 주님만 92
나 찬양합니다 45
난난난 43
난난난 예수님 때문에 93
날마다(96) 18
날마다 날마다(95) 10

따사로운 아침 햇살에 59
달빛과 별빛을 76
동전 하나 동전 둘 48
드려요 주님 앞에 49

무슨 생각하든지 83
무지개빛 세상으로 64
믿음으로(95) 13
믿음으로(97) 27
믿음으로(미발표곡) 94
믿음으로 나가자 26
믿음은 30

바닷가에 부서지는 9
바람따라 85
바요나 시몬아 35
백부장의 믿음 39
보물 46
보슬보슬 78
빛이 되어요 73

사랑의 노래를 드려요 60
사랑의 씨앗 50
새 하늘과 새 땅 72
성경 속으로 61
손뼉치며 춤을 추며 31
순종하며 살아요 51

아기예수 79
아름다운 노래 2

아름다운 노래를 3
아아 이사랑 62
알 수 있어 81
얼굴엔 가득 19
얼굴이 달라도 63
여기 여기 여기를 보세요 20
예수님 때문에 나는 기뻐요 4
예수님 메리크리스마스 65
예수님 사랑해요 95
예수님 얼굴 96
예수님 우리왕 5
예수님은 나의 영웅 21
예수님은 나의 75
예수님은 내 기쁨 1
예수님은 누구일까요 38
예수님의 작은 영웅들 16
예수님의 제자라면 66
예수님의 크신 사랑 36
예수님이라면 56
예수님처럼 44
예수님 향기 8
예수 믿는 어린이 22
오늘 예수님이 74
온누리에 97
우리들 사랑 80
우리 예수님 33
우리의 찬양 29
우리 주님께 89
외치라 67

욕심 없는 마음으로 68
이럴까 저럴까 53

자라가요 88
짜증날 때 우리 찬송해요 11
제자 제자 제자인가요 54
종이접기 32
주님을 만나요 82
주님의 음성 77
주면 주면 줄수록 23

축복합니다 55

펑펑펑 솟아나는 69
프로포즈 98

하나님께 드려요 99
하나님께서 만드셨네 7
하나님께선 70
하나님 먼저 52
하나님 이시간 24
하나님이 예뻐하는 마음 47
하나님의 전신갑주 34
하나님 지켜주세요 25
하나님 뿐이라네 86
하늘 별님도 하늘 달님도 71
하늘하늘 84
한 마음 100
함께 여행을 떠나요 57

1. 예수님은 내 기쁨

작사 양승헌
작곡 곽상엽

번호	가사	박자	도해	해설
1	속상해도	4		가슴을 두 주먹으로 두들기고 고개를 숙인다.
2	화가 나도	4		양쪽 검지를 펴서 얼굴 앞에 대고 "X"자로 엇갈려서 위로 찌른다.
3	내 마음은 잔치	4		위로 두 팔을 벌려 크게 밖으로 원을 그려 내린다.
4	집	4		가슴앞에 뾰족한 지붕처럼 만들어 위로 올린다.
5	예수님이	4		오른손 엄지로 앞에서 두 번 내려치고 위로 올린다.
6	내 마음을	4		왼손으로 오른가슴에 대고 왼쪽 위로 올린다.
7	기쁨으로 채워요	8		손가락을 튀기며 오른손, 왼손 차례대로 안쪽으로 쳇바퀴 돌 듯 돌린후 두 팔을 포갠 상태에서 밑으로 두 번 내린다.
8	매일매일 예수님과	8		박수 네 번 치면서 위로 올린다.
9	기뻐하며	4		오른쪽에 두 팔을 올려 손가락 튀기고 왼쪽으로 방향바꿔 손가락 튀긴다.
10	살아가요	4		두 팔을 엇갈려 흔든다.
11	♪	1		허리손
12	하하하하	3		두 손 검지를 코 밑에 일자로 대고 뗐다 붙였다 한다.
13	**호호호호**	4		엄지로 한번 내려치고 위로 올린다.
14	예수님은 내기	4		두 손을 위에서 한바퀴 돌려서 가슴 앞에 두 주먹을 위에서 아래로 힘껏 내린다.
15	쁨	4		오른엄지를 위로 올린다.
16	예수님께	2		왼손 엄지를 왼쪽 밑으로 내린다.

번호	가 사	박자	도 해	해 설
17	오세	2		왼손 엄지를 왼쪽 밑으로 내린다.
18	요	4		오른손 엄지와 왼손 엄지를 가슴앞에 모아서 서로 만나게 한다.
19	그 마음을	4		(손바닥 위를 향해서) 왼손으로 앞을 쭉 훑으면서 왼쪽 위로 올린다.

* 우리아이들이 예수님과 함께 살아가면 속상하고 화가 날때도 그 마음을 기쁨으로 바꿀 수 있다는 찬양이다.

2 아름다운 노래

작사 홍 현주
작곡 계 신옥

번호	가 사	박자	도 해	해 설
1	아름다운 노래	4		오른손으로 똑바로 가슴 앞에서 왼쪽으로 민다음 위로 쭉뻗어 오른쪽 옆으로 나란히 편다.
2	를	4		왼손으로 ①과 동일하게 한다.
3	부르고 싶어요	8		손바닥을 위로한 채 겹친 손으로 가슴을 두 번 친다음 앞으로 쭉 편다.
4	꽃과 같이 랄라	4		양쪽으로 쫙 폈다가 위로 쭉뻗어 박수를 두 번 친다.
5	나비같이 룰루	4		양손을 쫙폈다가 엉덩이를 두 번 툭툭 친다. 손바닥은 아래로 한다.
6	하나님 사랑을	4		하늘을 향해 두 팔을 편다.
7	노래해요 오	4		두 손을 오른쪽으로 펴서 왼쪽으로 쭉 이동시킨다.
8	하나님 랄라룰루	4		양손을 주먹 쥐고 엉덩이와 손을 함께 흔든다.
9	하나님 랄라룰루	4		엄지와 검지를 원으로 만들고 엉덩이와 손을 함께 흔든다.
10	나의 하나님	4		⑥과 동일
11	찬양해요	4		⑦과 동일
12				⑧,⑨,⑩,⑪을 반복한다.

* 하나님의 사랑을 찬양하고픔이 마음 가득히 느껴지는 곡이다. 말씀으로 창조하신 자연 가운데서 우리 아이들도 아름다운 고백을 할 수 있게 되기를 소망한다.

3 아름다운 노래를

작사 이형구
작곡 곽상엽

번호	가 사	박자	도 해	해 설
1	아름다운 노래를	7		손바닥을 펴고 입 앞에서 한바퀴 원을 그리고 오른 쪽 위로 올린다.
2	부르고 싶어요	8		왼손으로 가슴 앞에서 ①과 동일한 율동을 한다.
3	하나님께서	5		오른손 엄지, 왼손 엄지를 차례로 내민다.
4	창조하신	3		두 손을 입에다 붙였다 앞으로 내민다.
5	모든 만물을 노래하	5		두 손을 모아(손바닥을 위로) 두 팔을 위로 쭉 올린다.
6	며	4		양쪽으로 두 팔을 쭉 펴고 내린다.
7	하나님의 사랑	4		두 손의 손등이 닿게 양쪽에서 앞으로 쭉 가져온다.
8	을 - 노래	4		손을 꼬아서 손바닥을 위로하여 모은다.
9	하고 싶어요 오오	8		위로 똑바로 올려서 양 옆으로 편다.
10	하나님 나의 하나님	8		손바닥에 입을 대고 위로 팔을 올린다. 오른손과 왼손을 차례대로 진행.
11	찬양합니다	8		위에서 손가락을 반짝이며 가슴 위로 겹친다.

* 하나님의 사랑과 예수님의 사랑을 찬양하고픔이 마음 가득히 느껴지는 곡이다. 다양한 찬양의 방법들이 있지만 하나님이 말씀으로 창조하신 자연 가운데서 우리 아이들도 아름다운 고백을 할 수 있기를 기대해본다.

4 예수님 때문에 나는 기뻐요

작사 이형구
작곡 김승용

번호	가 사	박자	도 해	해 설
1	예수	1¾		두 손으로 자신의 무릎을 친다.
2	-님	2¼		오른손으로 옆사람의 무릎을 친다.
3	때문	1¾		왼손으로 자신의 무릎을 친다.
4	에	2¼		왼손으로 옆사람의 무릎을 친다.
5	나는	2		오른쪽 어깨를 으쓱한다.
6	기뻐	2		왼쪽 어깨를 으쓱한다.
7	요	4		어깨 높이에서 두손을 반짝 반짝 흔든다.
8	예수님 때문에 나는 기뻐	12		①-⑥과 동일
9	요	4		머리 위에서 두 손을 흔든다.

번호	가 사	박자	도 해	해 설
10	예수님	2		한 팔을 펼치고 한 팔은 팔짱끼는 모습
11	때문	2		팔짱을 낀다.
12	에	4		두 팔을 양쪽으로 한 번씩 올리면서 무릎을 굽혔다 편다.
13	싱글벙글	4		한 손씩 얼굴에 붙인다.
14	정말 기뻐	4		붙인 손을 번갈아 위아래로 흔든다.
15	예수님 때문에	8		⑩-⑫와 동일
16	정말 기뻐	4		팔을 붙인 채로 한쪽씩 올렸다 내린다.
17	요	4		굽혀서 붙인 팔을 세 번 올렸다 내린다.

* 유치부 아이들을 위해서 만들어진 곡이다. 아이들의 작은 동작들을 이용해 율동을 하도록 만들어져 있다. 손, 어깨를 많이 이용했기 때문에 유아, 유치부의 체조용으로도 도움이 될 것이다.

5 예수님 우리왕

작사 이형구
작곡 김주애

번호	가 사	박자	도 해	해 설
1	예수	1½		오른손을 펼친 채 가슴에 댄다.
2	님-	2½		오른손을 위로 올린다.
3	우리	1½		왼손을 가슴에 댄다.
4	왕-	2½		왼손을 엄지에 세우고 오른손 위에 놓는다.
5	왕이신 주께 감사드려	5½		손을 돌려서 가슴 앞으로 온다.
6	-요	2½		기도손
7	우리를	2½		오른손부터 손바닥을 밖으로 한 채로 눈앞에 하나씩 붙인다.
8	죄에서 구하시고	5½		두 손을 돌려서 손바닥이 위로 향하게 앞으로 내민다.
9	주의 자녀	2½		오른팔, 왼팔 순으로 겹친다.
10	삼으시고	4½		고개를 끄덕이며 순종하는 모습을 보인다.
11	사랑으로 이 땅에 오신 주께	9		'으로'에서 두 손을 크게 돌려 손을 모은다.
12	기쁜 맘	2		'맘'에서 얼굴 앞에서 두 손을 모은 채 검지와 중지를 펴서 조금 올렸다 내린다.
13	으로	3		얼굴 앞에서 두 손을 모으고 모든 손가락을 편채로 조금 올렸다 내린다.
14	찬양	2		두 손을 입 앞에서 모은다.
15	드려요	6		두 손을 넓게 펼치면서 마무리한다.

* "기쁜 맘으로"의 율동은 기쁨이 샘솟듯이 솟아나오는 것을 의미한다. 우리에게 주어진 구원의 의미를 생각하면서 찬양을 부르자.

6 나의 작은 소망

작사 이형구
작곡 곽상엽

주 님께 바라는 나의작은소망 은

주 님주신 복음을 전하고전해 서
은혜를 나누고나눠 서

온 세상 하나님나라 되는거예 요
주님은혜로 넘치는거 죠

예수님 나의 소망 을 이루어주세 요

번호	가 사	박자	도 해	해 설
1	주님께	3		기도손
2	바라는	3		오른쪽위로 쳐다본다.
3	나의 작은 소망	3		두 손을 겹쳐서 가슴 위로 (시선은 아래로)
4	은	3		오른손을 시선 방향으로 올린다.
5	주님 주신	3		왼손을 내려서 손바닥을 위로 한채 앞으로 내민다.
6	복음을	3		성경책 덮은 모양으로 왼손바닥을 위로 하고 오른손으로 덮는다.
7	전하고 전해	3		오른손 손바닥을 위로 하여 오른쪽으로 펼친다.
8	서	3		왼손도 왼쪽으로 쭉 펼친다.
9	온세상	3		펼쳐있던 두 손을 손등이 위로 향한 채로 모은다.(두 팔은 쭉 뻗은 채로)
10	하나님 나라	3		손바닥을 위로 하고 위로 쭉 올린다.
11	되는 거예요	6		위로 모았던 손을 양쪽으로 펼친다.
12	예수님 나의	3		양쪽에서 가져와 기도손을 만든다.
13	소망을	3		왼손은 가슴에, 오른손은 오른쪽 하늘을 향해, 시선은 오른손 끝을 향한다.
14	이루어 주세요	6		시선은 손끝을 향한 채 손을 서서히 내린다.

* 주일학교 모든 아이들이 주님 주신 복음을 전하고 전해서 온 세상에 하나님의 나라가 임하게 되기를 소망한다.

7 하나님께서 만드셨네

작사, 곡 차용운

하나님께서 - 만드 - 셨네 - 저 하늘과 땅 - - 위에

만물들을 - 주님이우 - 리를 부르시고 - 이

땅을다스 - 리라 명하셨네 - 주님의 사랑으

로 이땅을 아름답게 참되고바르게 - 다스리리 - 주님의뜻안 - 에서

번호	가 사	박자	도 해	해 설
1	하나님	2		오른손 올린다.
2	께서	2		왼손 올린다.
3	만드셨네	4		원을 그리며 팔을 흔든다.
4	저 하늘과	2		오른손 올린다.
5	땅위에	2		왼손을 아래로 펼친다.
6	만물들을	4		두 손을 모은다.
7	주님이 우리를	4		양 손 엄지를 세우고 올린다.
8	부르시고 이	4		왼손을 내렸다가 올린다.
9	땅을 다스리라	4		양 손 엄지를 밑으로 내린다.
10	명하셨네	3		양 손을 입앞으로 모았다가 양 옆으로 벌린다.
11	주님의 사랑으로	8		오른손을 세 번씩 끊어 올린다.
12	이 땅을 아름답게	8		왼손이 두 번에 오른쪽으로 갔다가 땅을 문지르듯 가운데로 온다.
13	참되고	1½		두 손을 머리에 댄다.
14	바르게	3½		앞으로 나란히 한다.
15	다스리리	3½		두 손을 옆으로 펼친다.
16	주님의 뜻안에	8½		기도손을 모은다.
17	서	4		손바닥을 펼쳐서 성경책 모양을 한다.

8 예수님 향기

작사 이형구
작곡 이삼열

빠 알 간 장 미 꽃   꽃 꽃 꽃 꽃 향 기 는
노 오 란 튜 울 립
하 아 얀 백 합 화

내 마음을 즐겁고 - 기 쁘 게 하 지만 - 내 안

에 - 풍겨나 는 예 예 예 예 수 님 향 기 - 온 세상

을 - 살기좋은 천 국 으 로 만들어 요

번호	가 사	박자	도 해	해 설
1	빠알간 장미꽃	9		손을 안에서 밖으로 한바퀴 돌려 꽃모양을 만든다.(오른손부터 한손씩)
2	꽃꽃꽃 꽃향기는	8		꽃모양의 손을 앞으로 하여 모은 손에서 검지, 중지, 약지 순으로 활짝 펼치고 양옆으로 쭉 편다.
3	내마음을 즐겁고 기	8		오른손, 왼손 차례로 가슴에 대고 양옆으로 흔든다.
4	쁘게 하지만 내안	8		손바닥을 바깥을 향하게 하여 가슴 앞에서 서로 교체하게(×2) 한 다음 안으로 조금씩 겹쳐지게 민다.
5	에 풍겨나	4		가슴에 오른손, 왼손 겹치기
6	는 예예예	4		"는"에서 손목끼리 부딪치고 양옆으로 두 팔을 (예예예) 세 박자에 비스듬히 편다.
7	예수님 향기 온세상	4		오른손은 왼쪽에서, 왼손은 아랫쪽에서 반짝 반짝 흔들면서 "향기"에서 두 팔로 머리 위에 하트를 만든후 "온세상"에서 두 팔을 옆으로 나란히 한다.
8	을 살기좋은 천국으	8		옆사람과 손을 잡고 서로 흔들며 위로 올린다.
9	로 만들어	4		손을 다람쥐 쳇바퀴처럼 돌린다.
10	요	4		짝짝, 서로 두손으로 2번 마주 치고 마지막에 오른손끼리 2번 마주 친다.

* 세상에 가득한 예수님의 사랑을 향기로 비유했다. 반복되는 단어들(꽃, 예)에는 스타카토를 넣어서 불러보자. 밝고 경쾌하게 율동을 해보자.

9 바닷가에 부서지는

작사 이형구
작곡 차용운

바닷가에 부서지는 파도소리 들으면 -

나를 부르시는 음성 내 귓가에 들리고 - 나를

따라오너라 나를따라오너라

내가 너를 사람 낚는 어부되게하리라

번호	가 사	박자	도 해	해 설
1	바닷가에	4		왼손으로 파도치는 모양처럼 돌려 올린다.
2	부서지는	4		오른손으로 ①과 동일하게 가서 왼손과 박수친다.
3	파도소리	4		두 손을 동시에 돌린다.
4	들으면	4		두 손을 귀에다 갖다 댄다.
5	나를	2		오른손을 귀에 댄 채로 왼손을 가슴에 댄다.
6	부르시는	4		왼손을 위로 올린다.
7	음성	2		엄지와 검지로 동그랗게 만든다.
8	내 귓가에 들리고	8		동그랗게 한손을 끌어와 오른쪽 귀에 댄다.
9	나를 따라 오너라	8		귀에 오른손을 둔 채로 왼손을 엄지를 세우고 올린다.
10	나를	1		엄지를 세운 채로 돌아와 오른손 엄지를 잡는다.
11	따라 오너라	8		두 손을 잡은 채로 같이 올린다.
12	내가	2		오른손을 내리고 왼손으로 주님을 가리킨다.
13	너를	2		왼손을 가슴에 댄다.
14	사람 낚는	4		오른손을 끌어서 왼손을 덮는다.
15	어부되게	2		두 손을 모으고 다람쥐 쳇바퀴 돌 듯 돌린다.
16	하리라	6		멀리 펼친다.

10 날마다 날마다

작사 이형구
작곡 곽상엽

♩ = 120

G   Am7   D7   G
날 마 다 - 날 마 다 - 주님 처럼 사랑하면 -

날 마 다 - 날 마 다 - 주님 처럼 용서하면 -

예수님 의 - 크신 사 랑 - 그 사랑 깨 달 아

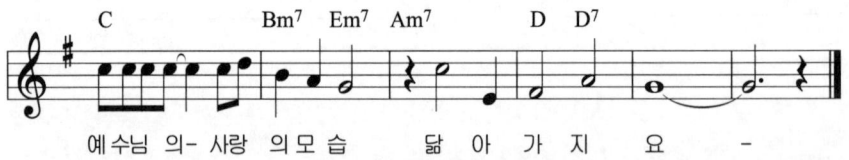

예수님 의 - 사랑 의 모 습 닮 아 가 지 요 -

번호	가 사	박자	도 해	해 설
1	날마	2		오른손 주먹 쥐고 위에서 아래로 잡아 당기듯 한다.
2	다	2		앞사람과 두 손을 마주 댄다.
3	날마	2		①과 방향만 반대, 같은 율동
4	다	2		②와 방향만 반대, 같은 율동
5	주님처럼 사랑하	4		두 사람 손바닥을 마주댄 후 밖으로 한 바퀴 돌린다.
6	면	4		자기 손에 뽀뽀하고 그 손으로 앞사람과 마주친다.(한손으로)
7	날마다 날마다 주님처럼 용서하	12 ½		①-⑤와 동일
8	면	4½		가슴에 오른손을 대고 앞사람과 손을 마주친다.
9	예수님의	4		오른손 엄지 앞으로, 왼손 엄지 앞으로 내민다.
10	크신 사랑	4		두 주먹을 한번 마주 치고 위로 둥글게 편다.

번호	가 사	박자	도 해	해 설
11	그사랑	2		두 손을 머리에 댄다.
12	깨달	2		손바닥을 편채 두 손을 머리 위로 올린다.
13	아	4		손가락을 나풀거리며 내려오면서 가슴에 엇갈려 댄다.
14	예수님의 사랑	4		⑨와 동일
15	의 모습	4		⑩과 동일
16	은	1		두 손을 입에 갖다 댄다.
17	닮아	3		입 앞에서 두 손을 아래로 반원을 방향으로 돌린다.
18	가지	4		얼굴 앞에서 두손을 아래로 반원을 조금크게 방향으로 돌린다.
19	요	4		두 팔을 크게 원을(아주 크게)밖으로 그리며 돌린다.

* 유치부에서 저학년까지 부를 수 있다. 자기 혼자서만이 아니라 친구들과 함께 예수님을 닮아가기 위해 노력을 하자는 의미를 율동으로 표현했다.

11 짜증날 때 우리 찬송해요

작사 장영심
작곡 차용운

번호	가 사	박자	도 해	해 설
1	짜증날 때 우리	4		머리를 숙인 채 두 손으로 머리를 감싼다.
2	찬송해요	4		감쌌던 손을 양쪽으로 쭉 내민다.
3	걱정될 때 우리	4		한 손으로 턱 괴기
4	기도해요	4		기도손
5	화가날 때 우리	4		손가락을 좌우로, 따로따로 흔들며 올린다 (검지 손가락만 폄: 샬롬손)
6	사랑하면 우리맘	4		두 검지 손가락으로 크게 하트를 그린다.
7	아름답게	4		오른손과 왼손을 차례로 가슴에 겹친다.
8	변해	2		겹쳐있는 손만 우, 좌로 한번씩 흔든다.

번호	가 사	박자	도 해	해 설
9	요	2		밖으로 편다.
10	행복할 때 우리	4		양 볼 옆에서 네 손가락을 접었다가 편다.
11	감사해요	4		어깨에 양 손을 올렸다가 손바닥을 위로 향한 채 위로 올린다.
12	즐거울 때 우리	4		오른손을 한바퀴 돌린다음 왼손하고 부딪친다. 박수 짝!
13	전도해요	4		두 손을 입앞에서 말하는 모양(전도)으로 만들었다가 두 손을 허리에 둔다.
14	기쁠 때에 우리	4		조가비 손으로 오른쪽 한번(깜빡), 왼손 한번(깜빡).
15	봉사하면 주님의	4		두 손을 겹쳤다가 그대로 앞으로 내민다.
16	더 큰 행복 우리게	4		겹쳐진 손을 한 번, 두 번, 세 번 지그재그로 조금씩 위로 올린다.
17	주실꺼예	4		허리를 뒤로 젖히고 양 손을 뒤로 쭉 편다.
18	요	4		펴있던 두 손을 앞으로 잡으면서 박수처럼 "짝" 소리를 낸다.

* 각 가사 가사들을 표현한 율동이다. 처음에는 율동과 함께 찬양하기 어렵겠지만 부를수록 찬양의 의미를 이해할 수 있을 것이다. 짜증, 걱정, 행복들의 단어들은 아이들이 직접 만들어 표현할 수 있도록 할 수 있다.

12 결심했어요

작사 이형구
작곡 이종현

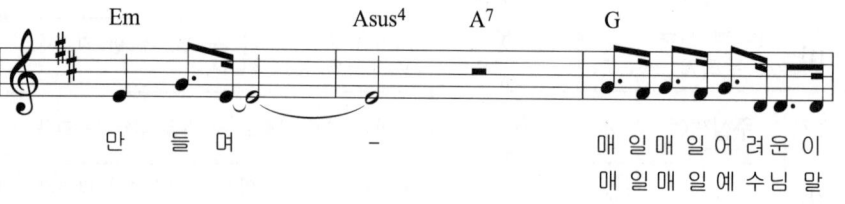

번호	가 사	박자	도 해	해 설
1	〜	1		왼손 주먹쥐고 위에서 아래로 힘껏 끌어내린다.
2	결심했어요	3		"요"에서 오른손으로 경례한다.
3	결심했어	4		"했"에서 오른손을 왼쪽 가슴에 댄다.
4	요	4		오른손을 오른쪽 위로 비스듬히 올린다.
5	랄라라라	4		1박자마다 1번을 끊어서 비스듬히 내려온다.
6	새끼 손가락에	4		새끼손가락만 펴고 손을 한바퀴 돌려서 위로 올린다.
7	도장찍고 십자가	4		새끼손가락 고리 걸고 엄지로 도장 찍는다.
8	만들며	8		두박자씩 새끼손가락, 검지, 손바닥을 펴서 두 팔로 십자가를 만들고 마지막 두 박자에서 두 팔을 펴서 옆으로 나란히 한다.
9	매일매일 어려운	4		손가락을 하나씩 끊으며 가슴 앞으로 가져온다.
10	이웃을 도	4		오른팔을 가슴 앞에서 일"ㅡ"자로 만들고 왼팔을 오른팔 위에 가져가 포갠다.
11	와 주기로 믿음	8		포갠 팔을 오른쪽으로 한번 올리고 "와"에서 "주기"까지 1번 찍어주고 "로"에서 오른쪽으로 한번 올린다.
12	으로 믿음으로	4		오른손으로 왼쪽 가슴에 대고("으")오른손을 오른쪽 위로 올리고("믿")왼손을 오른쪽 가슴에 댄다.
13	결심했어	4		"했"에서 왼손을 왼쪽위로 올린다.
14	요	4		가슴에 두손 포개기→위로 두 팔 벌리기→경례→오른쪽 허벅지 때리기(한 박자씩)
15	매일매일 예수님	4		⑨와 동일
16	말씀을 전	4		성경책을 편다.
17	파하기로 믿음	8		손바닥을 위로 향해 오른쪽으로 한번 왼쪽으로 한번 올린다.

13 믿음으로

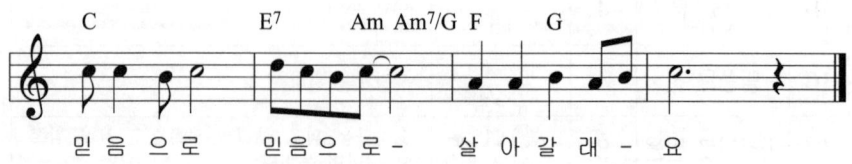

번호	가 사	박자	도 해	해 설
1	나의 죄를	4		오른손, 왼손 순으로 얼굴을 가로질러 가린다.
2	위하여	4		①모양 그대로 손을 내렸다 돌리며 위로 올린다.
3	십자가에서 말없이 죽으실 때	8		가로지른 손을 천천히 내린 후 양쪽으로 손을 쫙 피고 말없이 고개를 떨군다.
4	나를 사랑해 사랑해 사랑	8		못박힌 손목을 왼손부터 차례로 가슴에 담아 가로지른다.
5	한다 말씀하셨어요	8		오른손을 귀에 듣는 모양으로 두 번 한 후 가슴에 다시 가져 온다.
6	그 사랑 놀랍고	4		얼굴 앞에서 작게 하트를 그린후 두 손으로 얼굴을 가린다.(우는 모습)
7	그 사랑 감사해	4		하트를 조금 더 크게 그린 후 위로 손을 모아 올린다.
8	그 사랑 마음에 담아	8		크게 하트를 그렸다가 심장 위에 두 손을 겹친다.
9	나 믿음으로	5		오른손을 위로 올린다.
10	믿음으로	4		왼손을 위로 올린다.
11	살아갈래	4		손바닥을 앞으로 손목을 돌린다.
12	요	4		왼손을 내려 가슴에 올린다.

* 예수님의 십자가상에서의 죽음이 아이들 자신의 죄 때문임을 고백하도록 하는 찬양이다. 찬양가운데서 예수님의 사랑을 더욱 깊이 느끼도록 돕자. 예수님을 영접한 아이들이 자신들의 믿음을 고백하는 찬양이 되도록 하면 더욱 좋을 것이다.

14 고마운 내친구

작사, 곡 정 설주

번호	가 사	박자	도 해	해 설
1	상쾌한 아침	4		두 팔을 벌렸다가 오른손 앞, 왼손 뒤로 하고 두팔을 벌렸다가 왼손앞, 오른손 뒤로 한다.
2	눈부신 햇살	4		오른손을 오른쪽 눈에 댄 후 앞으로 손을 내미는 것을 두 번 반복한다.
3	내 얼굴을	2		오른손으로 왼쪽 뺨에 대고 손을 가슴 앞에 손등이 위로 올라오게 놓는다.
4	간지럽혀	2		왼손으로 오른쪽 뺨에 대고 손을 가슴 앞에 손등이 위로 올라오게 하여 오른손과 겹친다.
5	요	4		팔을 겹친 채 몸을 오른쪽 왼쪽으로 흔든다.
6	오늘 하루도 내 친구되어	8		①,②와 동일
7	따사롭게 비춰주겠지	8		③,④,⑤와 동일
8	들판에서는	4		한바퀴 돈다.
9	어린 벼포	4		얼굴에 오른손, 왼손을 꽃처럼 모은다.
10	기	2		얼굴을 오른쪽, 왼쪽으로 흔든다.
11	무럭 무럭	2		오른손으로 오른허벅지를 치고 팔을 벌린다.
12	키워 주겠	2		⑪과 같은 율동을 반대 방향으로 한다.
13	지	4		앉았다 일어서면서 몸을 양옆으로 흔든다.
14	우리 하나님	4		오른손을 앞으로 쭉 펴고 왼손은 얼굴 왼쪽 옆에 댄다.
15	보내 주신	4		왼손 앞으로 쭉 펴고 오른손은 얼굴 오른쪽에 댄다.
16	고마운	2		오른쪽으로 걸어가면서 오른손은 앞으로 쭉 편다.
17	내 친구라네	6		오른쪽 손을 얼굴 앞으로 위에서 아래로 내린후 한바퀴 돌고, "네"에서 절한다.

15 거룩한 주님의 날에

작사 이형구
작곡 곽상엽

번호	가 사	박자	도 해	해 설
1	거룩한 주님의 날	5		오른쪽에서 두 손을 몸앞으로 돌린다.
2	에	4		오른손은 왼쪽 가슴에 왼손은 비스듬히 올린다.
3	예배드릴 때 나의	8		기도손
4	가진 모든	4		주먹쥔다.(천천히)
5	것	2		두 손을 앞으로 모은다. 손바닥을 붙이지 말고 볼록하게 붙인다.
6	주님께 드려야 해	6		위로 올린다.
7	요	4		위로 올린 두 손을 손바닥이 위로 향하게 편다.
8	예물드릴	4		양 팔을 둥그렇게 해서 내린다.
9	때도	4		두 손을 손바닥이 위로 향하게 하여 위로 올린다.
10	감사한 마	4		인사하며 두 팔을 내린다.
11	-음으로	4		굽혔던 허리를 편다.
12	말씀들을 때에도	7		두 손을 손바닥을 위로 향한 채 수평으로 오른쪽 귀에 천천히 갖다 댄다.
13	감사한	3		위로 올린다.
14	마음으로	4		인사하며 두팔을 내린다.

* 아이들이 예배를 지루하게 생각되도록 하는 것이 아니라 주님께 진정한 감사의 찬양과 예물을 드리는 예배가 되도록 한다. 감사의 조건을 생각하면서 노래를 불러보자.

16 예수님의 작은 영웅들

작사 양승헌
작곡 곽상엽

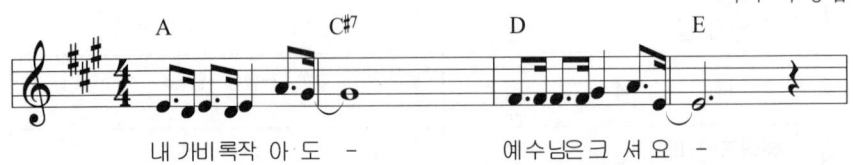
내가 비록 작아도 - 예수님은 크셔요 -

내가 비록 약해도 - 예수님은 강해요 - 예수

님 때문에 나는 할 수 있어요 - 예수님 때문에 나는 이길 수 있어요 -

우리들은 - 예수님의 - 작은 영웅들 -

예수님이 - 기뻐하는 - 어린 영웅이지요 -

번호	가 사	박자	도 해	해 설
1	내가 비록	2		오른손 엄지 손가락으로 오른쪽 어깨를 찍는다.
2	작아	1¾		①의 상태에서 왼손 엄지 손가락으로 왼쪽 어깨를 찍는다.
3	도	4¼	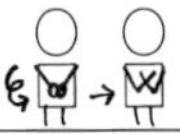	양손을 앞으로 내밀어 구리구리처럼 돌린 후 양손을 포개어 내린다.
4	예수님은	2		오른손 엄지 손가락을 세워 앞으로 내민다.
5	크셔	1¾	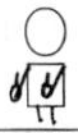	④의 상태에서 왼손도 엄지 손가락을 세워 앞으로 내민다.
6	요	4¼		양손 엄지 손가락을 세워 밑으로 크게 돌린 후 어깨를 찍고 위로 뻗는다.
7	내가 비록	2		①과 동일
8	약해	1¾		②와 동일
9	오 예수	4¼		양손을 앞으로 내밀어 구리구리처럼 돌린 후 목 밑에서 모아 고개를 숙인다.
10	님은	2		④와 동일
11	강해	1¾		⑤와 동일
12	요 예수	4¼		양손을 오무려 옆에서 두 번 아래로 아래로 친 후 위로 뻗는다.
13	님 때문에 나는 할 수	4		오른손 엄지 손가락을 세워 밑에서부터 위로 돌리면서 뻗는다.
14	있어요- 예수	4		⑬의 상태에서 왼손으로 주먹을 쥐고 어깨쪽에서 두 번 아래로 찍은 후 위로 뻗는다.
15	님 때문에 나는 이길	4		왼손 엄지 손가락을 세워 밑에서부터 위로 돌리면서 뻗는다.
16	수 있어요	4		⑮의 상태에서 오른손 검지와 중지로 V자를 만든후 어깨를 두 번 치고 위로 뻗는다.

번호	가 사	박자	도 해	해 설
17	우리들은	4		오른손을 옆으로 내밀어 친구손을 잡은 후 왼손을 내밀어 친구손을 잡는다.
18	예수님의	4		위의 상태에서 위로 세 번 찍으면서 위로 올린다.
19	작은	2		오른손을 가슴 앞에서 눕힌다.
20	영웅	2		위의 상태에서 왼손을 오른손 위에 포개어 놓는다.
21	들	4½		양손을 주먹쥐고 허리에 댄 후 오른손을 엄지 손가락을 세워 위로 올린다.
22	예수님	1½		오른손 엄지 손가락을 세워 앞으로 내민다.
23	이	2½		위의 상태에서 왼손도 엄지 손가락을 세워 앞으로 내민다.
24	기뻐하는	2		위로 양손을 하트 모양으로 박수를 두 번 친다.
25	어린 영웅	2		⑲번과 동일
26	이지	1½		⑳번과 동일
27	요	4¼		양손을 주먹 쥐고 허리에 댄 후 위로 뻗는다.

* 나와 예수님의 율동을 대조적으로 표현하는 것이 좋다. 아이들이 예수님이 우리의 대장되심을 기뻐하고 즐거워 하는 마음을 가지도록 해보자.

17 나 때문에

작사 이형구
작곡 곽상엽

나 때문에 우리예수 - 님 하하 하하하하웃으시네 - 나

때 문에 우리예수 - 님 하하 하하기뻐하 - 시네 - 내

작은 입술로 - 랄라랄라 찬양할때 - 내
손으로 - 짠짜짠찌

작은 입술로 - 주의이름 찬양할때 - 나 -
손으로

번호	가 사	박자	도 해	해 설
1	나	1		한 박자 쉰다.
2	때문에	2		오른손을 가슴에 댄다.
3	우리	1		왼손도 가슴에 포개어 댄다.
4	예수	1½		③의 상태에서 한번 찍는다.
5	-님 하하	3½		두 손을 펼쳐서 양 옆으로 내민다.
6	하하하하	2		⑤의 상태에서 조금 위로 올린다.
7	웃으시	1⅔		⑥의 상태에서 조금 더 위로 올린다.
8	네	3⅓		⑦과 동일한 상태에서 조금 위로 올린다.
9	나	1		①과 동일하게 한 박자 쉰다.
10	때문에	2		②과 동일
11	우리	1		③과 동일
12	예수	1½		④과 동일
13	-님 하하	3½		⑤과 동일
14	하하 기뻐	2		⑬의 상태에서 두손으로 무릎을 친다.
15	하시	1⅔		손바닥이 밖으로 보이도록 두손을 든다.
16	네 내	3⅓		⑮의 상태에서 두 손을 바깥쪽으로 두 번 돌리고 쭉 편다.

번호	가 사	박자	도 해	해 설
17	작은	2		오른손 검지손가락만 펴서 자신의 입술에 갖다 댄다.
18	입술	1⅔		왼손 검지손가락만 펴서 ⑰번과 같이 입술에 댄다.
19	로 랄라	4		㉑번 상태에서 고개만 오른쪽으로 기울였다가 제자리로 돌아온다.
20	랄라	2		양손 검지손가락을 입술 앞에서 한번 교차한다.
21	찬양할	2		양손 검지손가락을 머리 위에서 한번 교차한다.
22	때 내	4		양손 검지손가락을 양손을 쭉 피면서 두 번 교차한다.
23	작은	2		⑰번과 동일
24	입술	2		⑱번과 동일
25	로 주의	4		⑲번과 동일
26	이름	2		오른손 엄지손가락을 펴서 앞으로 쭉 편다.
27	찬양할	1⅔		㉖번 상태에서 오른쪽으로 깃발 날리듯 손을 움직인다.
28	때 나	4⅓		㉗번 상태에서 왼쪽으로 올라가면서 깃발 날리듯 가고 오른쪽으로 한번 더 온다.
29	때문에-하하 기뻐하시네			②번에서 ⑯번까지 동일

* 아이들의 작은 입술로 찬양할 때 하나님은 어떤 표정을 지으실까? 아이들의
  찬양을 보고 기뻐하시는 하나님을 생각하면서 만든 찬양이다.
  "하하하하" 2번째의 율동은 너무 기뻐서 책상을 치면서 웃는 모습을 표현한 것이다.

18 날마다

작사 이형구
작곡 강희진

번호	가 사	박자	도 해	해 설
1	날마다	3		두 손을 가슴에 "X"자로 포갠다.
2	내 꿈속에	3		포갠 두손을 반시계방향으로 돌려 머리위에 둔다.
3	하나님	3		머리 위에 올린 오른손을 위로 편다.(왼손은 그대로 머리에 둔다)
4	만	3		왼손을 위로 편다.
5	날마다	3		두 손을 가슴에 "X"자로 포갠다.
6	내 맘속에	3		가슴 앞에서 "X"자로 포갠 양손으로 손등이 앞으로 보이게 하여 원을 그려서 다시 가슴으로 가져온다.
7	예수님	3		오른손 엄지를 내밀며 앞으로 민다.
8	만	3		왼손 엄지를 내밀며 앞으로 민다.
9	날마다	3		두손을 가슴에 "X"자로 포갠다.
10	내 삶속에	3		포개진 오른손과 왼손을 팔꿈치가 펴지게하여 반원을 그린다.

번호	가 사	박자	도 해	해 설
11	성령님만	5		"X"자로 모아진 두손을 위로 천천히 올린다.
12	온전	1		⑪의 마지막 동작 계속(쉰다)
13	히 기쁨	3		올려진 두손 중 오른손을 팔꿈치가 펴지게 하여 옆으로 내린다.
14	으로	2		왼손은 ⑬과 같이 내린다.
15	가득	1		⑭의 마지막 동작 계속(쉰다)
16	넘치기를	6		아래에서부터 큰원을 두 번 그리고 올린다.
17	간절히	3		오른손을 손등이 앞에 보이게 하여 팔꿈치를 구부러지게 하여 몸앞으로 내린다.
18	간절히	3		⑰번과 같은 방법으로 왼손을 내린다.
19	기도합니다	7		두손을 모아 기도손 모양을 한다.

* 날마다 우리 아이들이 살아가면서 삼위 일체 하나님의 인도하심을 받기를 간절히 원하는 마음을 그린 찬양이다.

19 얼굴엔 가득

작사 이 형구
작곡 송 세라

얼굴엔가 -득미소 를 그리 고 - 마음엔듬-뿍사랑 을 담아 서 -

예 수님모르 는 친구 들에 게 오 늘 도 내일 도 복음전하리 예수

님 나 의 예 수 님   내 맘속 에 오 셔서

능 력으로 (야!) 능력으로 (야!) 함 께 하 소 서

번호	가 사	박자	도 해	해 설
1	얼굴엔 가득 미소	4		오른손 검지 손가락으로 원을 크게 그려준다.
2	를 그리고	4		오른손을 펴서 손등이 보이게 목 밑에서 반원의 모습(미소진 모습)을 좌우로 2번 반복한다.
3	마음엔 듬	2		오른손을 가슴에 댄다.
4	-뿍 사랑	2		왼손도 가슴에 포개어 댄다.
5	을 담아서	4		양손을 가슴에서 안쪽으로 계속 돌린다.
6	예수님	2		오른손을 엄지손가락만 펴서 앞으로 내민다.
7	모르는	2		앞으로 내민 오른손을 자신이 보이지 않게 왼손을 펴서 가린다.
8	친구들에게	4		⑦의 상태에서 손모양은 그대로 두고 오른쪽에서 왼쪽으로 3번 찍는다.
9	오늘도	2		오른쪽에서 오른손은 밑으로 왼손은 위로해서 박수를 두 번 친다.
10	내일도	2		왼쪽에서 왼손은 밑으로 오른손은 위로해서 박수를 두 번 친다.
11	복음	1		두손이 겹친 상태에서 오른손을 성경책을 치듯 펼친다.
12	전하	1		⑩번 상태처럼 두손을 겹친다.
13	리 예수	2		⑪과 동일
14	님 나의	4		오른손 엄지손가락을 앞으로 쭉 내민 다음 왼손도 엄지손가락을 앞으로 내민다.
15	예수님	4		⑭의 상태에서 오른쪽에서 왼쪽으로 반원을 그리면서 위로 올라간다.
16	내 맘	2		박수를 친다.

번호	가 사	박자	도 해	해 설
17	속에	2		오른손을 가슴에 두고 왼손은 그대로 둔다.
18	오셔서	4		왼손을 흔들면서 내려와서 오른손과 겹친다.
19	능력으로(야!)	4		오른손을 돌리면서 어깨를 한번 찍고 쭉 편다.
20	능력으로(야!)	4		왼손도 ⑲번과 동일
21	함께	2		박수를 친다.
22	하소	2		두손을 내려서 가슴쪽에서 서로 겹친다.
23	서	4		㉒번 상태에서 좌우로 흔든다.

* 찬양을 인도하시는 선생님의 얼굴에 함박웃음이 가득할 때 정확히 전달되는 찬양이다. 예수님을 모르는 친구들에게 복음을 전할 때 주님께서 능력을 주시기를 기도하는 찬양으로 힘차게 부른다.

20 여기 여기를 보세요

작사 이형구
작곡 곽상엽

번호	가 사	박자	도 해	해 설
1	여기여기 여기를 보세	4		오른손 검지 손가락만 펴서 오른쪽 머리 위에서 세 번 돌린다.
2	요	4	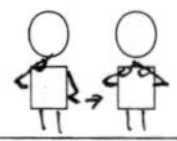	먼저 오른손의 검지손가락을 △모양의 \부분을 만들고 왼손의 검지가락으로 /부분을 만든다.
3	우리 교회	2		양손의 엄지를 뺀 네 손가락을 모두 펴서 ∧모양을 만든다.
4	00교	1¾		∧모양을 한 손을 팔목까지 붙여서 ｜모양을 만든다.
5	회	4¼		왼손을 세로로 세우고 오른손을 가로로 눕혀서 십자가 모양을 만든후 그대로 조금 위로 한번 찍는다.
6	주의 사랑	2		가슴쪽에서 손뼉을 마주치며 ♡모양을 만든다.
7	넘치는	1¾		⑥번 처럼 동작을 하되 조금 위에서 좀더 크게 동작한다.
8	곳	4¼		⑦번 보다 더 위에서 크게 ♡모양을 그리면서 두손을 내린다.
9	우리 교회	2		옆사람과 함께 오른손을 머리위로 뻗어서 ∧모양을 만든다.
10	00교	1¾		⑨번 상태에서 왼손도 머리위로 뻗어서 ∧모양을 만든다.
11	회 함께	4¼	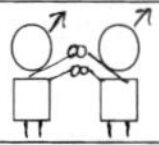	⑩번 상태에서 허리를 옆으로 굽혀서 까딱 한후 제자리로 돌아온다.
12	웃고 함께	4		두 손을 펴서 가슴위로 내린 후 바깥으로 세바퀴 돌린다.
13	울고 하늘	4		두손을 머리에서 쓸어내리듯 내린다.
14	나라 이뤄가	3¾		⑬의 상태에서 밑에서부터 위로 크게 원을 그리며 올린다.
15	는	4¼		옆친구와 박수를 세 번 친다.
16	예수님의	2		가슴 위에서 박수를 친다.

번호	가 사	박자	도 해	해 설
17	일등제	1¾		오른손 엄지 손가락만 펴서 앞으로 쭉 내민다.
18	자	4¼		⑰번 상태에서 차례대로 위로 올라가면서 세 번 찍는다.
19	여기 여기	2		오른손 엄지손가락만 펴있는 상태로 자신의 어깨를 한번 찍는다.
20	있어	1¾		왼손 엄지손가락만 펴서 ⑲번 처럼 어깨를 한번 찍는다.
21	요	4¼		⑳번 상태에서 양손을 번갈아가며 세 번 어깨를 찍는다.
22	여기- OO교회 아름			①번에서 ⑪번까지 동일
23	다운 천국	4		⑪의 상태에서 양손을 크게 원을 그려 밑으로 내린다.
24	교회 주의	4	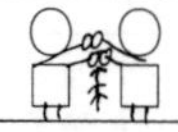	㉓의 상태에서 두사람이 손뼉을 네 번 마주 치면서 위로 올라간다.
25	은혜 전파되	3¾		한손은 그대로 두고 한손만 손바닥을 마주한 채 앞으로 크게 원을 그리면서 내린다.
26	는	4¼		㉕의 상태에서 아래에 있던 손을 옆으로 펼친다.
27	예수님의	2		가슴에서 박수를 친다.
28	참된 교	1¾		양손의 엄지 손가락을 세워 가슴 앞으로 내민다.
29	회	4¼		㉘의 상태에서 세 번 찍으면서 위로 올린다.
30	여기 여기	2		⑲와 동일
31	있어	1¾		⑳과 동일
32	요	4¼		㉑과 동일

*온땅의 교회가 주의 사랑과 말씀으로 가득하고 하나되는 모습으로 하늘나라를 이뤄간 다면 이땅이 얼마나 아름다워질까? 이끌어가는 선생님들과 다음세대의 주역인 우리아 이들이 그러한 교회의 모습을 만들어가기를 기도한다.

21 예수님은 나의 영웅

작사 김승용
작사 이형구

예 수님 나의 영 - 웅 나의 영웅이예 요

예수님말씀 항 상 - 배 우 며   믿음으로살 거예 요
           지 키 며
           따 르 며

번호	가 사	박자	도 해	해 설
1	예수	2		오른손으로 엄지 손가락을 세워 앞으로 내민다.
2	님 나의	2		①의 상태에서 왼쪽어깨를 찍는다.
3	영	2		오른손을 옆으로 쫙 편다.
4	웅 나	2		③의 상태에서 경례를 한다.
5	의	2		오른손 엄지 손가락으로 왼쪽 어깨를 찍는다.
6	영웅이예	2		⑤의 상태에서 오른손을 앞으로 내민다.
7	요	4		왼손으로 ⑤,⑥을 반복한다.
8	예수님 말씀 항	4		오른손을 왼손위에 올렸다가 어깨 넓이 만큼 편다.
9	상 배우며	4		양손을 ⑧의 상태에서 돌려 귀 뒤로 가져간다.
10	믿음으로 살거예	4		⑨의 상태에서 머리를 오른쪽으로 한번, 왼쪽으로 한번 끄덕인다.
11	요	4		머리위에서 손뼉을 치며 기도손을 한 후 가슴으로 내린다.

번호	가 사	박자	도 해	해 설
12	예수님 나의 -말씀 항	20		①-⑧과 동일
13	상 지키며	4		⑧의 상태에서 양손을 함께 오른쪽으로 돌려 머리위로 올린다.
14	믿음으로 살거예	4		⑬의 상태에서 고개를 두 번 끄덕인다.
15	요	4		⑪과 동일
16	예수님-말씀 항	20		⑫와 동일
17	상 따르며	4		⑧의 상태에서 양손을 세 번 찍어 올린다.
18	믿음으로 살거예	4		⑭와 동일
19	요	4		⑪과 동일

* 유치부부터 저학년까지 부를 수 있는 찬양이다. 예수님의 말씀을 배우고,
  지키기로 결심하는 노래로서 음이 그다지 높지 않기 때문에 쉽게 부를 수 있다.

22 예수 믿는 어린이

작사 이형구
작곡 차용운

번호	가 사	박자	도 해	해 설
1	예수 믿는	4		박수를 치듯 기도손을 만든다.
2	어린	2		기도손을 한 상태에서 오른쪽으로 흔든다.
3	이	2		②의 상태에서 왼쪽으로 흔든다.
4	예뻐	1½		오른손을 입에 댄다.
5	요	2½		입에 있던 손을 볼에 댄다.
6	예뻐	1½		왼손을 입에 댄다.
7	요	2½		입에 있던 손을 볼에 댄다.
8	이세상 누	4		양손을 밑에서부터 펴서 머리위에 얹는다.
9	구보다	4		⑧의 상태에서 머리를 오른쪽으로 기울였다 제자리로 온다.
10	더욱 더욱	2		오른손을 입에 댄다.
11	예뻐요	2		⑩의 상태에서 왼손을 오른손 위에 댄다.

번호	가 사	박자	도 해	해 설
12	요	2		⑪의 상태에서 두손을 입에서 다시 한번 찍는다.
13	쪽	2		옆에 있는 친구와 손바닥을 마주친다.
14	예수 믿는 어린이	8		①-③과 동일
15	멋져요	4		오른손을 얼굴에 대고 네 번 앞뒤로 흔든다.
16	멋져요	4		왼손을 얼굴에 대고 네 번 앞뒤로 흔든다.
17	이세상 누	4		⑧과 동일
18	구보다	4		⑨과 동일
19	더욱더욱 멋져	4		양손을 얼굴 옆에 대고 네 번 앞뒤로 흔든다.
20	요	2		오른손으로 왼쪽 어깨를 찍는다.
21	너	2		엄지 손가락을 세운 오른손으로 친구를 가리킨다.

* 유치부에서 부르도록 만들어진 곡이다. 각절 끝에 쪽, 너, 우리등을 붙여서 부르면 더 재미있다. "어린이"를 율동할 때는 선생님도 손에 힘을 주어서 몸과 같이 움직이면 더욱 좋다.

23 주면 줄수록

작사, 곡 신 영석

번호	가 사	박자	도 해	해 설
1	주면	1		오른손으로 원을 만들어서, 왼손으로 무언가를 꺼내는 것처럼 오른손으로 만든 원안에 넣는다.
2	주면	1		왼손을 꺼내서 무언가를 집었던 것을 왼손을 펴서 뿌린다.
3	줄 수	1½		①과 ②을 차례대로 반복한다.
4	록	4		두손을 양쪽으로 펼쳐서 조금씩 위로 두 번씩 올린다.
5	자꾸만	1		두 주먹을 쥐고 안으로 모은다.
6	자꾸만	1		두 주먹을 쥔 상태에서 밖으로 편다.
7	커지	2		⑤과 ⑥을 차례대로 반복하되 좀더 위에서 좀더 크게 동작한다.
8	는	4		두손을 편 상태에서 두 번 쳐 올린다.
9	우리 예수	2		오른손을 가슴에 댄다.
10	님의	2		왼손도 동일하게 가슴에 댄다.
11	사랑이	4		두손을 밑에서부터 크게 원을 만들면서 양손으로 ♡모양을 만든다.
12	너무	1		두손을 톡 튀겨주듯 위로 올리면서 ♡를 만들었던 손가락을 편다.
13	너무	1		폈던 손가락을 다시 ♡모양으로 만든다.
14	놀라	2		⑫과 ⑬을 차례대로 반복하되 좀더 위에서 좀더 크게 동작한다.
15	와	4		두손을 펴고 안에서 밖으로 원을 만든다.
16	친구도	4		오른손을 펴서 앞으로 내밀고 두박자 후 그 손을 왼손으로 손뼉을 세 번 친다.

번호	가 사	박자	도 해	해 설
17	동생도	4		왼손을 펴서 앞으로 내밀고 두박자 후 그 손을 오른손으로 손뼉을 세 번 친다.
18	엄마 아빠	2		양손의 검지손가락만 펴서 앞으로 내밀고, 다시 양손을 접는다.
19	세상 모든	2		양손의 검지손가락과 엄지손가락을 펴서 앞으로 내밀고, 다시 양손을 접는다.
20	사람에게	4		두손을 펴서 앞으로 내밀면서 원을 만든다.
21	내가 받	1½		오른손을 가슴에 댄다.
22	은	1½		왼손도 오른손과 함께 댄다.
23	예수님 사	2		오른쪽 엄지손가락을 앞으로 내민다.
24	랑	2		내민 오른손 밑에 왼손을 펴서 바친다.
25	주고 싶어라	7		㉔번 상태에서 세바퀴를 돌린다.
26	-	1		세바퀴를 돌린다움 그대로 가운데 위로 쭉 올린다.

* "자꾸만 자꾸만 커지는"에서 몸도 같이 움직이면서 강조를 하면 더욱 재미있어진다. 전도에 대한 말씀과 적용할 수도 있다. 사랑이란 받으려는 욕심이 아니라 나누려는 기쁨이라는 것을 아이들이 느낄 수 있도록 하자.

24 하나님 이시간

작사,곡 송 세라

번호	가 사	박자	도 해	해 설
1	하나님 이시	4		오른손을 손바닥을 펴서 아래에서부터 시작하여 시계방향으로 원을 그리면서 손을 올린다.
2	간	3		올린 손을 서서히 앞으로 내린다.(손바닥을 위로 향하게 한다.)
3	두손 모아서	6		왼손을 펴서 오른손 손바닥위에 포갠다.(오른쪽에 모은다.)
4	하나님 향한 맘	7		오른쪽에 포개진 두손을 천천히 왼쪽으로 이동한다. 이때 왼손은 펴서 하늘을 가리키고 오른손은 가슴에 댄다.(손바닥 편다.)
5	고이 갖고서	6		올려진 왼손을 심장부위에 대고 오른손과 "X"자로 포개준다.(오른손이 아래로 왼손이 위로 가게 한다.)
6	마음문 열어서	7		위에 있는 왼손을 받침으로 하여 오른손으로 창문을 열 듯이 펴준다. 이때 오른손 손바닥을 바깥으로 향하게 하여 세워서 왼쪽에서 오른쪽으로 연다.
7	기도하오니	6		기도손을 한다.
8	하나님 영광	4		⑦과 동일
9	돌려 드려	3		얼굴 앞에서 양손으로 원을 두 번 그려 주면서 서서히 올린다.
10	요	6		올린손을 위로 천천히 올린다.
11	하나님 이시간- 마음문 열어서			①-⑥과 동일
12	찬양하오니			왼손을 손바닥을 펴서 입앞에서부터 위로 향하게 입에서 향기가 올라가는 것처럼 두 번 원을 그려준다.
13	하나님-드려 요			⑧-⑩과 동일

* 기도시간 전에나 예배 묵도전에 부르면 아이들의 예배에 대한 마음을 정돈할 수 있도록 도울 수 있다.

25. 하나님 지켜주세요

작사 이형구
작곡 강희진

번호	가 사	박자	도 해	해 설
1	하나님	3		오른손을 천천히 위로 올린다.
2	지켜	3		들었던 오른손을 가슴에 댄다.
3	주세요	5		오른손을 가슴에 댄채, 왼손을 이마에 대고 오른쪽에서 왼쪽으로 돌려본다.
4	나를 지켜	4		오른손을 가슴에 댄채, 왼손을 가슴에 가져와 "X"자를 만든다.
5	주세요	8		가슴에 댄 두손을 왼쪽으로 반을 돌리며 머리 위로 올린다.(이때 손등이 바깥을 향한다.)올린손을 다시 가슴으로 천천히 내린다.
6	내가	1		⑤의 상태에서 쉰다.
7	외로워서	5		한손의 손등과 다른 손의 바닥을 포개어 얼굴 옆에 갖다 댄다.
8	찬양	1		⑦의 상태에서 살짝 주먹을 쥐고 "X"자로 만들어 가슴으로 가져온다.
9	드릴때	5		손바닥이 위를 향하게 해서 가슴 안쪽에서 바깥쪽으로 양손을 편다.
10	하나님 나에게	6		⑨의 상태에서 천천히 위로 올린다.
11	새 힘을	4		양주먹을 쥐고 가슴쪽으로 당기면서 내린다.
12	주세요	6		"주세"에선 귀에 손을 대어 무엇인가(말씀)을 듣는것처럼 하고, "요"에선 두손을 가슴에 가져와 기도손을 한다.
13	하나님	3		①과 동일
14	도와	3		②와 동일
15	주세요	5		오른손을 가슴에 댄채 왼손을 오른쪽 어깨 부분부터 왼쪽으로 손바닥이 위로 보이게 하여 편다.(절 좀 도와주세요!하는 심정으로)
16	나를 도와	4		④와 동일

번호	가 사	박자	도 해	해 설
17	주세요	8		⑤와 동일
18	내가	1		⑥과 동일
19	힘들어서	5		고개를 숙이면서 두손바닥을 펴서 눈에 대고 우는 것처럼 한다.
20	기도	1		⑲번과 동일
21	드릴 때	5		⑲번의 상태에서 손을 펴서 양쪽으로 편다. (손바닥을 위로 향하게 한다.)
22	하나님 나에게	6		⑩과 동일
23	능력을	4		⑪과 동일
24	주세요	6		⑫와 동일

* 율동없이 찬양만으로도 고백할 수 있는 곡이다. 수련회등에서 기도회 시간에 사용해도 좋다. 다혜라는 5살짜리 어린아이가 있었다. 선생님이 주일날 다혜를 데리고 교회로 오는데 그날은 안개가 가득히 낀 흐린 날씨였다. 그런데 다혜가 선생님께 이렇게 말했다고 한다. "선생님, 안개가 껴있어서 하나님이 우리가 안 보이시면 어떻게 하죠?" 다혜의 마음속에 하나님이 늘 우리를 지켜보신다는 믿음이 있었던 것이다.

번호	가 사	박자	도 해	해 설
1	믿음	2		기도손
2	으로	2		오른손은 주먹 쥐고 앞으로 왼손은 허리 뒤로 고개를 약간 숙인다.
3	나가	2		①과 동일
4	자	2		②와 반대로 왼손 앞으로 오른손 뒤로
5	주님 손 잡고 X	4		한사람은 오른손목을 한사람은 왼손목을 세번 돌리고 "고"의 두 번째 박자에서 손뼉을 위로 친다.
6	친구 손 잡고 X	4		⑤에서와 반대쪽 손목을 돌리면서 ⑤와 동일한 방법과 박자로 손뼉을 아래로 친다.
7	믿음으로	4		①+②
8	나가자	4		③+④
9	기도하면	2		가슴 앞에서 두손을 구리 구리한다.
10	서 주님	2		기도손
11	안에서	4		양손을 머리에, 각각의 어깨에, 가슴에 둔다.
12	감사하는	4		손바닥을 위로 하여 양손을 겹친 후 오른쪽 위로 톡톡 두 번 올린다.
13	믿음 가지고	4		⑫과 동일하게 왼쪽으로 두 번 올린다.
14	승리하	2		양손 손가락을 V자로 한 후 앞으로 내민다.
15	신 주	2		기도손
16	따라	2		기도손을 한 상태에서 아래로 두 번 끌어내린다.

번호	가 사	박자	도 해	해 설
17	서	2		기도손 한 상태로 위로 쭉 올린다.
18	승	1		양팔을 위로 쭉 편다.
19	전	1		팔을 쭉 펴고 머리 위에서 짧게 두 번 박수 친다.
20	가	1		⑱번과 동일
21	를	1		⑲번과 동일하게 하되 손뼉을 한번만 친다.
22	높이 부르며	4		⑱번에서 ㉑번까지 동일하게 반복
23	믿음(소망, 사랑)을 위해	4		오른 손을 위로 들고 돌팔매 하듯 두바퀴 돌린다.
24	나가	1		어깨 뒤에 손을 숨긴다.
25	자	4		검지 손가락을 빼고 앞을 가리킨다.
26	소망	2		오른 팔을 위로 쭉 뻗는다.
27	으로	2		②와 동일
28	나가	2		왼팔을 쭉 뻗는다.
29	자	2		④와 동일
30	인내하는	4		손등을 위로 향하게 한 후 양손을 겹치고 아래로 톡톡 두 번 누른다.
31	믿음 가지고	4		㉚번과 동일하게 왼쪽에서 두 번 누른다.
32	사랑	2		손바닥을 편 후 상대방에게 물건을 건네주 듯이 앞으로 내민다.

번호	가 사	박자	도 해	해 설
33	으로	2		②와 동일
34	나가	2		㉜와 동일
35	자	2		④와 동일
36	용서하는	4		사람을 쓰다듬는 형상으로 손을 오른쪽으로 내린다.
37	믿음 가지고	4		㊱번와 동일하게 왼쪽에서

* 힘찬 행진곡풍의 곡이다. 믿음이란 세상 무엇보다도 강한 것임을 심어주자.

27 믿음으로

작사 양승헌
작곡 강명은

번호	가사	박자	도해	해설
1	믿	2		가슴앞에서 기도손을 한다.
2	음으	2		앞으로 엄지손가락만 펴고 쭉 편다.
3	로	3		좌우로 같이 흔들어 준다.
4	믿음으로 살래	5		엄지만 세운 상태에서 양쪽으로 쭉 펴서 아래에서 위로 올린다.
5	요	3		엄지로 양 어깨를 두 번 찍은 후 양손을 앞으로 내밀면서 "V"자를 만든다.
6	예수	2		양손을 그대로 찍어 준다.
7	님은 내	2		오른손을 왼팔위에 손을 편 채 올려 놓는다.
8	마음	2		그 상태에서 ⑦과 같이 찍어 준다.
9	의	1		왼손을 오른쪽 팔위에 손을 편채 올려 놓는다.
10	영원하신 주	5		양손을 구리구리 돌리면서 위로 간다.
11	님 모든	4		위에서 박수를 두 번 치고 양손을 쭉 편다.
12	일을	2		양손을 "X"자형으로 양 어깨에 댄다.
13	다 맡기	2		오른손은 오른쪽에 왼손은 왼쪽 어깨에 찍는다.
14	고 언제	4		⑬의 동작을 한번 더 한 후 양손을 손바닥이 보이게 쭉 편다.
15	나 감사하	4		오른쪽으로 둥그렇게 반원을 그리면서 위로 올라간다.
16	며	1		양손으로 박수를 한번 친다.

번호	가 사	박자	도 해	해 설
17	살래요	3		양손으로 머리, 어깨, 허리를 순서대로 찍는다.
18	이 세상	4		두손을 허리에서부터 둥그렇게 만든다.
19	끝까	2		오른손 팔꿈치를 접고 왼손은 오른 팔꿈치에 댄다.
20	지	1		양손을 깍지 끼고 검지 손가락을 펴서 뻗는다.
21	주님 따라	3		검지 손가락은 넣고 엄지 손가락만 내민다.
22	가면	2		㉔의 상태에서 왼손을 뻗어 오른손을 맞잡는다.
23	서	4		그대로 손을 위로 올린다.

* 빠르게 불러도, 느리게 불러도 무방한 곡이다. 많은 고민과 아픔들을 가지고 살아가는 아이들이 모든 걱정거리를 하나님께 맡기고 살아가기 위해 가장 필요한 것은 믿음이라는 것을 가르쳐 주도록 하자.

28 예수님 사랑

작사 이정민
작곡 강명은

날 구원 하신 예 수 님 사 랑 나는 나는 기 뻐 요

날 구 원 하 신 예 수 님 사 랑 나 는 나 는 좋 아 요

번호	가 사	박자	도 해	해 설
1	날 구원하	2		가슴 앞에서 구리구리하듯 돌린다.
2	신	2		손바닥을 앞으로 내민다.
3	예수님 사랑	4		손가락과 손목을 차례로 떼었다 붙였다하며 하트를 그린다.
4	나는 나는	2		엄지 손가락으로 볼을 찍는다.
5	기뻐	2		다른 손으로 ④와 동일
6	요	4		입가에서 반원을 그리며 내려온다.
7	날 인도하	2		아래서 위로 구리구리하며 사선으로 올라간다.
8	신	2		손을 하늘로 향해 편다.
9	예수님 사랑	4		③과 같은 방법으로 아래로 내려온다.
10	나는 나는	2		④와 동일
11	좋아	2		⑤와 동일
12	요	4		손을 위로 하고 손바닥을 흔든다.

* 유아, 유치부에서 부르기에 좋은 찬양이다. 예수님의 사랑을 고백하는 찬양으로 구원과 의미를 설명함으로 적용이 가능하다.

29 우리의 찬양

작사 이 진
작곡 강 명은

들판 의새 싹들 춤 추며 - 하하하하찬양 하구 요

하늘 나는 저 예쁜새들 도 랄랄 랄 라찬 양 해

번호	가 사	박자	도 해	해 설
1	들판의 새싹들	4		양팔을 어깨높이로 올렸다 손가락을 움직이며 가슴으로 온다.
2	춤추	2		두손을 밖에서 안으로 돌린다.
3	며	2		손바닥 보이게
4	하하하하 찬양하구	4		오른쪽부터 두 주먹 붙이고 팔꿈치를 굽힐 땐 주먹, 펼땐 손을 편다.(오른쪽에서 두번)
5	요	4		④와 동일하게 하되 왼손으로 한다.
6	하늘 나는	3		오른손을 왼쪽으로 반원 그리며 올린다.
7	저	1		오른손을 그대로 하늘을 향해 유지한다.
8	예쁜 새들도	3		왼손을 원을 그리며 오른손까지 간다.
9	랄랄	1		엄지끼리 걸어서 새를 만든다.
10	랄 라 찬양해	8		⑪번 정지 동작에서 새가 날 듯이 손갈가을 두 번 움직이며 지그재그로 내려온다.

* 온 세상에 가득한 찬양을 상상해 보자. 새들도, 풀들도, 우리 아이들도...
 짧은 곡이지만 풍성한 찬양이 될 수 있다.

30 믿음은

작사 장 수경
작곡 이 혜숙

번호	가 사	박자	도 해	해 설
1	믿음	1½		엄지 손가락과 검지 손가락으로 "딱"소리를 낸다.
2	은	2½		기도손
3	십자	1½		②의 자세에서 팔꿈치를 붙인다.
4	가의	2½		③에서 왼손을 움직여 십자가를 만든다.
5	예수님	2		④의 상태로 팔 전체를 아래로 한번 튕긴다.
6	사랑을	2		두 손을 모아 가슴 위에 놓는다.
7	아	½		⑥에서 오른손으로 가슴을 한번 찍는다.
8	는	1		오른손으로 오른쪽 머리 옆부분을 한번 찍는다.
9	거죠	2½		오른팔을 위로 쭉 뻗는다.
10	믿음은	4		①,②와 동일
11	다시	1½		고개를 숙이고 양 엄지를 붙이고 손등을 이마에 댄다.
12	사신	2½		양 팔을 위로 쭉 뻗는다.
13	예수님	2		⑫에서 양 엄지를 세운다.
14	부활을	2		손을 펴고 양 옆으로 두 번 튕긴다.
15	느낀	1½		⑭에서 양손을 주먹 쥔다.(물건을 잡듯이)
16	거죠	2½		두 주먹을 가슴 앞으로 끌어 내린다.

번호	가 사	박자	도 해	해 설
17	믿음은	4		①,②와 동일
18	내 모든 것	4		손을 앞으로 내밀어 움켜 잡고, "것"할 때 양손을 어깨 위로 올린다.
19	버리고	2		오른쪽 어깨 뒤로 버리는 듯 손을 쫙 편다.
20	예수님	2		⑲의 상태에서 엄지 손가락을 세운다.
21	따른 거죠	4		⑳에서 왼쪽 윗부분으로 손을 앞뒤로 흔들며 옮긴다.
22	믿음은	4		①,②와 동일
23	예수님의	4		양 팔을 위로 뻗는다.
24	생명을	2		왼쪽 가슴에 두손을 이용해 심장을 만들어 댄다.
25	세상에	2		㉕에서 심장박동하듯이 손가락을 움직이며 오른쪽으로 옮긴다.(박동 두번)
26	전하는 거죠	4		양손을 쥐었다 피면서 옆으로 내린다.

* 우리의 아이들이 생각하는 믿음이란 무엇인가? 그들의 고백을 담아 찬양하면 좋을 것이다. 찬양에 대한 이해의 의미로서 율동을 사용하는 것이 좋을 듯하다. 고학년 아이들은 자신들이 할 수 있는 율동으로 변형해서 사용해도 좋을 것 같다.

31 손뼉치며 춤을 추며

번호	가 사	박자	도 해	해 설
1	손뼉 치며	2		가슴앞에서 손뼉을 치고 동시에 오른손을 위로 왼손을 대각선 아래로 내린다.
2	춤을 추며	2		①과 동일(반대로)
3	찬양합시다	4		손을 편채로 왼쪽에서 오른쪽으로 한 바퀴 돌면서 자연스럽게 손의 위치를 반대로 바꾼다.
4	발 구르며	2		손과 발을 빠르게 구른다.
5	큰소리로	2		가슴 앞에 있던 손을 하늘 높이 뻗으며 등과 목을 뒤로 편다.
6	찬양합시다	4		무릎을 두 번 두드리고 손을 위로 뻗는다.
7	초록나무	2		오른손은 그대로 두고 왼손을 어깨 높이에서 직각이 되도록 내린다.
8	예쁜 꽃들	2		앞 자세에서 손만 반짝반짝하며 움직인다.
9	나비들과	2		양손을 나비처럼 조금만 내렸다 올린다.
10	작은 벌들	2		엄지 손가락과 검지 손가락을 이용해 동그라미를 만들고 나머지 손가락은 펴서 반짝반짝하며 흔든다.
11	예쁘고 또	2		허리를 앞으로 90도 굽히면서 두손을 얼굴 밑에 가져가 양쪽으로 펴서 받친다.
12	더 예쁘게	2		양손을 가슴앞에서 엇갈리게 잡는다.
13	춤추자 다같이	4		양손을 가슴에서 엇갈리게 잡은 채로 흔들며 지그재그 모양으로 앉았다가 일어난다.
14	춤추며 랄랄라	4		오른쪽으로 투스텝하며 양손의 검지손가락을 세워 흔들며 간다.
15	랄라 다같이	4		⑭와 동일(반대방향으로)
16	노래해 랄랄라	4		투스텝하며 양손을 입가에서 두 번 오무렸다 펴준다.

번호	가 사	박자	도 해	해 설
17	랄랄랄라	4		오른손은 허리에 두고 왼손바닥이 위로 향하게 하고 앞으로 내밀어 돌리면서 왼쪽으로 이동한다.
18	찬양합시다	4		가슴을 두 번 치고 양손을 뻗는다.

* 체조곡으로 만들어진 곡이다. 자연속에서 온 몸으로 찬양하기에 적합한 곡으로 성경학교, 수련회 등에서 아침제조로 사용하면 참 좋을 것이다.

32 종이접기

작사 장수경
작곡 이혜숙

예 수 님 의 십 자 가 를 생 각 하 며 빨 간
예 수 님 의 다 시 사 심 생 각 하 여 하 얀

색 종 이 로 종 이 접 기 하 지 요 - 날
색 종 이 로 종 이 접 기 하 지 요 - 사

위 해 빨 간 피 흘 리 - 신 내 주
람 들 위 해 부 활 하 - 신 내 주

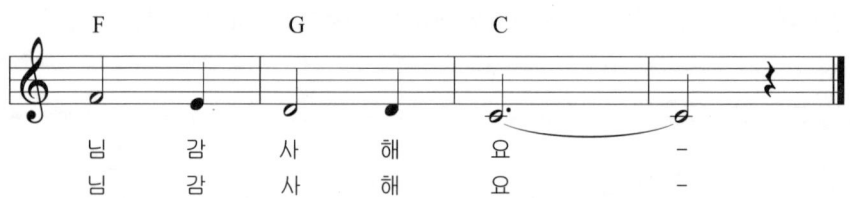

님 감 사 해 요 -
님 감 사 해 요 -

번호	가 사	박자	도 해	해 설
1	예수님의	3		두손 엄지를 동시에 내린다.
2	십자가를	3		양팔을 양옆으로 펴면서 십자가의 가로선을 양손으로 반쯤 쥐듯이 그린다.
3	생각하여 빨간	6		두 손을 겹쳐서 손등이 보이게 하여 손을 위에서 아래로 내리며 십자가의 세로선을 그으며 가슴앞으로 온다.
4	색	1		오른손 바닥을 앞으로 내민다.
5	종이로	2		왼손 바닥도 앞으로 내민다.
6	종이접기 하지	2		⑤의 상태에서 손바닥을 접었다 편다.(책 모양)
7	요 날	6		엄지와 검지를 이용해 종이 접는 손모양을 하고 양옆으로 쭉 뻗는다.
8	위해	3		가슴에 두손을 "X"자 모양으로 만든다..
9	빨간 피	3		양 손목을 마주 댄다.
10	흘리신 내 주	6		손바닥이 보이게 하여 위에서 아래로 손가락을 흔들며 내린다.
11	님 감	3		기도손
12	사해	3		오른손 바닥은 쫙 펴고, 왼손으로 오른손 바닥위에 물건을 올려 놓는 듯 한다.(왼쪽 도)
13	요	6		양팔을 위로 벌리며 올린다.

* 빨간색 종이를 보며 예수님의 십자가의 사랑을 연상하며 찬양한 곡이다. 유치부에서 고학년에 이르기까지 모든 아이들이 고백하며 부르기에 적합한 곡이다. 유치부 종이접기 시간에 부르면 좋을 것이다.

33 우리 예수님

작사 이 진
작곡 강 명은

번호	가사	박자	도해	해설
1	랄랄	2		오른손 검지로 45도 각도에서 두 번 움직인다. 왼손은 오른 팔꿈치에 댄다.
2	랄라	2		①과 동일하게 움직인다.
3	라라랄	2		가슴 앞에서 서로 지그재그로 움직인다.
4	라	2		양옆으로 펼치며 손가락을 편다.
5	랄랄	2		오른 팔꿈치를 꺽고 왼손으로 오른 팔꿈치를 댄 뒤 박수를 친다.
6	랄라	2		⑤과 동일(반대방향으로)
7	라라랄	1½		가슴안에서 밖으로 원을 그리며 손목을 돌리며 나간다. 손바닥을 앞으로 내민다.
8	라	2½		쿵, 박수 두 번 친다.
9	어린이와	4		오른손을 편 채 옆으로 어린이 머리를 쓰다듬듯이 지그재그로 내린다.
10	친구되	½		오른 손등에 뽀뽀를 한다.
11	신	½		오른 손을 가슴에 얹는다.
12	사랑받는	4		가슴에 왼손이 오고 한번 두드린다.
13	예수님	4		기도손
14	⌇	1		손 허리
15	랄랄	2		①과 동일
16	랄라	2		②와 동일

번호	가 사	박자	도 해	해 설
17	라라랄	1½		③과 동일
18	라	2½		④와 동일
19	랄라	2		⑤와 동일
20	랄라	2		⑥과 동일
21	라라랄	1½		①과 동일하되 동작이 더 크다.
22	라	2½		⑧과 동일
23	어린이를	4		⑨와 동일
24	축복하신	3		왼손으로 축복하듯 손위에 얹는다.
25	나의 노래 우	2		왼주먹을 쥐고 입에 갖다 댄다.
26	리 주	2		㉕의 상태에서 오른손으로 입앞에서 두 번 원을 그린다.
27	님	2		돌린 손을 하늘로 향한다.
28	예수님과	4		엄지를 세우고 한손 씩 앞으로 나온다.
29	친구되신	2½		두주먹 마주 붙이고 엄지끼리 인사한다.
30	사랑받는	4½		위에서부터 하트를 크게 그린다.
31	어린이	4		앞에서 양손으로 머리를 쓰다듬듯이 지그재그로 내린다.
32	∼	1		손 허리

번호	가 사	박자	도 해	해 설
33	예수	2		머리에 손을 얹는다.
34	님의	2		㉝과 동일
35	축복받는	3		양옆으로 흔든다.
36	우리 친구	2		손을 하나씩 앞으로 내린다.
37	우리 OO	5		옆친구 얼굴을 가리킨다.

* 손가락을 이용한 아기자기한 율동이다. 휘파람을 불 듯이 즐겁고 경쾌하게 찬양하면서 율동을 하자. 예수님과 어린이가 친구가 될 수 있다는 사실을 심어주자.

34 하나님의 전신갑주

작사 양은용
작곡 강명은

구 원 투 구 쓰 - 고 서 - 의의 흉배를 붙이 고

진 리 의 허 리 띠 차 고 - 평안한복음의신으 로

믿 음 방 패 손에 들고 - 성 령 의 말 씀 검을 - 들면

마 귀 들 이 무 서 워 서 - 멀 리 도 망 가 지 요

번호	가 사	박자	도 해	해 설
1	구원	2		양손을 쥐고 가슴 앞에서 "X"자형을 만든다.
2	투구	2		"X"자를 만든 손을 양옆으로 힘껏 푼다.
3	쓰고서	4		양손을 안쪽으로 돌린 후 "서"할 때 손바닥이 보이도록 두손을 포개어 이마에 댄다.
4	의의	1		③의 상태에서 손바닥이 보이게 오른팔을 쫙 편다.
5	흉배를	2		이마에 댔던 왼팔도 쫙 편다.
6	붙이	1		가슴 앞에서 짧게 두 번 손뼉 친다.
7	고	3		손등이 보이게 양손끝을 맞대어 가슴 앞에 댄다.
8	진리	2		기도손
9	의 허	2		⑧의 상태에서 오른손을 쫙 펴고 앞으로 뻗는다.
10	리띠	1		두손을 마주 잡는다.
11	차고	3		양팔을 마주 잡는다.
12	평안한 복음의	3		⑪의 상태에서 오른쪽에서 왼쪽으로 반원을 그린다.
13	신으	1		오른쪽 손바닥을 쫙 펴고 발을 가리킨다.
14	로	3		왼손도 오른손과 마찬가지로 발을 가리킨다.
15	믿음	2		오른손 바닥이 보이게 하여 가슴 앞에 놓는다.
16	방패	2		⑮와 마찬가지로 왼손도 하여 "X"자형을 만든다.

번호	가사	박자	도해	해설
17	손에 들고	4		⑯의 상태에서 안에서 바깥으로 돌려 주먹 쥔 후 가슴앞에 놓는다.
18	성령의 말	4		⑰의 상태에서 엄지 손가락을 세우고 위아래로 흔든다.
19	씀	1		성경책을 펴는 듯이 왼쪽 앞에서 손뼉을 한번 친다.
20	검을 들면	3		왼손은 그대로 있고 오른손은 엄지 손가락을 치켜 세운 후 위로 향해 오른쪽 팔을 편다.
21	마귀들이	4		두 손을 쥔 후 엇갈리며 가슴 앞에서 "X"자 형을 크게 두 번 만든다.
22	무서워서	4		㉑과 같은 방법으로 하되 검지 손가락을 세우고 눈앞에서 조그맣게 "X"자형을 두 번 만든다.
23	멀리	1		오른손과 왼손을 엇갈리며 배영하듯이 뒤로 넘긴다.
24	도망	1		㉓과 동일한 방법으로 왼손을 한다.
25	가지	2		㉓,㉔를 연속으로
26	요	3		두손을 쥐고 머리 뒤로 숨긴다.
27	(와!)	1		"와"하며 손바닥이 보이게 앞으로 힘껏 민다.

* "성령의 말씀 검을 들면"의 율동은 우리의 마음속에서 살아서 역사하시는 성령님을 의미한다. 이 찬양에서 아이들에게 익숙하지 않은 단어들은 OHP자료 등을 이용해서 이해시킬 수 있다. 예를 들면 OHP 필름에 사람의 모습을 그리고 붙였다 떼었다 할 수 있게 만들어진 모자, 흉배, 허리띠, 신발등을 이용해서 찬양을 하면서 붙이면 된다. 아이들의 이해를 도울 수 있을 것이다.

35 바요나 시몬아

작사, 곡 이연수

번호	가 사	박자	도 해	해 설
1	주는	3		오른손은 왼쪽 방향으로 밑에서부터 돌려 오른쪽에서 위를 가리키면서 멈춘다.
2	그리스도시	3		올라가 있던 오른손을 서서히 내려 가슴쪽에서 팔꿈치를 굽혀 손을 세우고 있는다.
3	요	6		가만히 있던 왼팔을 서서히 오른쪽으로 옮겨 십자가를 만든다.
4	살아계신 하나님	6		십자가를 들어 두손을 오른쪽으로 머리위에서부터 돌려 아래로 내려온다.
5	아들이시니이다	6		오른손으로 예수님을 가리키면서 아래서 위로 서서히 올린다.(엄지 손가락을 세우고 나머지 손가락을 오무린다)
6	바요나	3		오른손을 서서히 입으로 가져와 입술에 댄다.
7	시몬아	9		입에 댔던 손을 서서히 떼면서 내가 원하는 사람을 향해 오른손을 내민다.
8	네가	3		오른손은 계속 친구를 가리키고 왼손을 오른쪽으로 가져가 오른손 아래에 둔다.
9	복있도	3		오른손은 그대로 두고 왼손을 아래서 위로 크게 돌려 오른손 위에 둔다.이 때 손바닥끼리 마주 보게 한다.
10	다	6		마주 대하고 있는 두손을 그대로 가슴 중앙으로 가져가 기도손을 하고 기도하는 모습이 되게 한다.

* 우리 아이들에게 있어 주님은 어떤 분이실까? 많은 친구들이 예수님에 대해 오해하고 있다. (도깨비 방망이 같은 존재로) 아이들의 마음속에 하나님의 아들이신 주님에 대해서 심어주는 곡이다.

36 예수님의 크신 사랑

작사 김현진
작곡 강명은

파 란 하 늘 햇 님 과   밤 하 늘 의 별 님 과

예 쁘 게 핀 꽃 님 들 - 이   찬   양

우 릴 위 해 죽 으 신   예 수 님 의 크 신 사 랑 을

우 리 함 께 노 래 불 러 요 주 찬   양   해

번호	가 사	박자	도해	해 설
1	파란 하늘 햇님	3		오른손등과 왼손등을 포갠후 손가락을 움직이며 오른쪽에서 왼쪽으로 반원을 그린다.
2	과	3		오른손을 핀 상태에서 왼쪽에서 오른쪽으로 파란 하늘을 만지듯 손바닥이 보이게 반원을 그린다.(왼손은 허리손)
3	밤하늘의 별님	3		양손가락을 움직이며 머리 위로 올린다.
4	과	3		새색시가 절하는 모양으로 두손을 포개어 이마에 댄다.(고개숙인 상태)
5	예쁘게 핀 꽃님	3		고개를 들며 얼굴에서 손바닥이 보이게 손을 펴서 얼굴 주위에서 꽃이 피듯이 옆으로 내린다.
6	들이	3		양 엄지 손가락을 세우고 나머지 네 손가락을 편 상태로 양 엄지를 턱밑에 갖다 댄다.
7	찬	3		⑥의 손모양 그대로 오른쪽 윗방향으로 부드럽게 올린다.
8	양	3		⑦과 동일하게 하되 왼쪽 윗방향으로 올린다.
9	우릴 위해	2		왼팔을 위로 쭉 편 후 오른손을 주먹쥐고 왼쪽 팔목에 못을 박듯이 두 번 친다.
10	죽으신	4		⑨의 상태에서 팔을 양 옆으로 내려 십자가를 만든다.
11	예수님의 크신 사랑을	6		양팔을 가슴으로 모아 "X"자 모양을 만들고 옆으로 천천히 흔든다.
12	우리 함께 노래 불러요	6		⑪의 상태에서 손바닥이 보이게 하여 양옆으로 내리다가 엄지와검지를 맞대어 △모양을 만들고 "요"할 때 입에 갖다 댄다.
13	주 찬	3		⑫의 손모양으로 오른쪽으로 원을 그린다.
14	양해	3		⑬과 동일하게 왼쪽으로 원을 그린다.
15	요	3		△형을 만든 손모양을 입 앞에서 위로 쭉 올린다.

* 시각자료를 이용할 수 있다. 해, 별, 꽃을 만들었다가 율동을 할 때 손을 움직이면서 손바닥에 차례에 맞게 붙이면서 보여줄 수 있다. 찬양만으로도 아름다운 곡이다.
  지구상에 가득한 찬양을 느낄 수 있도록 하자.

37 나를 사랑하시는 예수님

작사 양은용
작곡 강명은

번호	가 사	박자	도 해	해 설
1	나를 받아주세	3		가슴손, 두손을 동시에 하되 천천히 가져온다.
2	요	3		두손을 모아 위로 올린다.
3	나를 사랑하시	3		올라간 손을 머리부터 쓰다듬듯이 천천히 가슴으로 내린다.
4	는 - 예수	3		가슴손 동작을 그대로
5	님 - 항상	3		기도손
6	주 안에	3		기도손을 한 채로 왼쪽으로 한바퀴 돈다.
7	살아갈래	3		양손의 검지와 엄지만을 펴서 "ㄴ"자로 만들고 왼쪽으로 반바퀴 돌린다.
8	요 -	3		위에서 멈춘 "ㄴ"자 손을 배쪽으로 반듯하게 내린다.
9	포근히 안아주	3		아기를 밑에서 안는 듯한 손으로, 오른쪽 귀쪽으로 가져간다.
10	시죠	3		두손을 모아서 잠자는 것처럼 볼에 댄다.
11	나의 사랑 나의	3		볼에 모아 둔 손을 펴서 (손에 무엇인가 담겨있는 것처럼)정면 위로 올린다.
12	예수님	3		모아 둔 손을 꽃모양으로 양쪽 위로 올린다.
13	사랑의	3		위로 올린 양손으로 하트 모양의 반쪽을 그린다.
14	품 안에서	3		가슴 아래 쪽으로 손을 내려 두손이 겹치게 모은다.
15	살기 원	1½		겹친 손을 왼쪽으로 올린다.
16	해	1½		다시 앞으로 가져 온다.
17	요	3		⑮번 동작을 오른쪽으로 한다.

38 예수님은 누구일까요?

작사 이 수경
작곡 이 혜숙

번호	가 사	박자	도 해	해 설
1	예수님	3½		오른손 엄지 손가락을 세우고 앞으로 내민다.
2	은	3½		기도손
3	누구	1		오른손을 가슴 위에 갖다 댄다.
4	일	3		③의 상태에서 왼손을 가슴위에 갖다 대어 "X"자형을 만든 다음 그 상태로 한번 앞으로 내밀었다 원상태로 한다.
5	까요	4		④에서 양손을 앞으로 내밀며 묻는 듯한다.
6	사랑일까	4		⑤에서 손을 양옆으로 하며 위로 올려 큰 하트를 그린다.
7	요	3		⑥의 상태로 좌우로 움직인다.
8	기쁨일까	5		손바닥이 보이게 하여 4번에 걸쳐 어깨 위치로 손을 내린다.
9	요	3		⑧의 상태에서 좌우로 손을 흔든다.
10	예수님은	2		①과 동일

번호	가 사	박자	도 해	해 설
11	항상	2		⑩의 상태에서 왼손바닥을 편 후 오른손 밑에 갖다 댄다.
12	우리 곁에서	4		손을 통통 세 번 튀기며 가슴 앞으로 가져온다.
13	사랑을 나누어	4		손가락으로 가슴에 하트를 그린다.
14	주시며	4		가슴에서 양 옆으로 손을 뻗어 나간다.
15	우리의	2		오른손을 얼굴 옆에 갖다 댄다.
16	기쁨	2		왼손도 얼굴 옆에 갖다 댄다.
17	키워 주시	2		⑯의 상태에서 손바닥을 좌우로 흔들어 댄다.
18	는	2		양 팔을 위로 쭉 뻗는다.
19	분이시	4		오른손을 시계방향으로 한바퀴 돌리며 하늘로 올린다.
20	죠	4		손을 머리, 어깨, 허리 순서로 내리고 고개는 비스듬히 인사한다.

39. 백부장의 믿음

번호	가 사	박자	도 해	해 설
1	예수님을	2		오른손 엄지 손가락 세운 채 앞으로
2	본 적 있나	4		양손으로 눈을 가리고 위아래로 세수하듯 두 번 움직인다.
3	요	4		손바닥이 보이게 얼굴 양쪽에서 펴준다.
4	예수님을	2		①과 동일
5	본 적 있나	2		양손 엄지와 검지로 원을 만들어 눈 앞에 댄다.
6	요	4		위아래로 두 번 움직여 양쪽에서 손바닥이 보이게 펴준다.
7	예수님은	2		①과 동일
8	어디	2		⑦번 동작에서 왼손을 편채로 오른손을 위로 올린다.
9	계실	2		⑧번 동작을 왼쪽으로 세 번 움직인다.
10	까(요기)	4		두박자 동안 ⑨번 동작을 반복. 그동안 오른손은 내 마음을 찍는다.
11	예수님을	4		오른손을 가슴에 대각선으로 올린다.
12	만나고 싶	4		왼손을 가슴에 대각선으로 올린다.
13	어	4		가슴에서 다독거린다.
14	백부장의	4		기도손
15	믿음	2		두 손을 팔짱 끼듯이
16	하인 고쳤	2		⑫번 동작으로 튕기듯

번호	가 사	박자	도 해	해 설
17	네	2		오른손을 직각되게 세운다.
18	백부장은	2		오른손을 올린다.
19	예수님을	2		왼손을 올린다.
20	만났	2		두 손 위에서 손뼉
21	죠	2		두손을 잡은 채로 가슴으로
22	백부장은	2		오른손을 입에
23	크게	2		왼손도 입에
24	소리쳤어	2		두손을 한번 입가에 짧게 튕겨 주며 소리치듯 한다.
25	요	2		손바닥이 보이게 두손을 앞으로 쭉 편다.
26	예수님은	2		엄지 손가락을 세웠다가 오른쪽 어깨로 가져간다.
27	말씀이라	2		왼손도 오른손과 같이 어깨에 가져간다.
28	고	4		㉗번 동작에서 어깨를 두 번 찍고 위로 만세 동작을 한다.

* 작은 의성어로 찬양에 point를 주자. ex)짠, 요기.
붓점을 살려서 찬양하면 더욱 신이 날 것이다.

40 거룩한 주님의 날에

작사, 곡 송세라

번호	가사	박자	도해	해설
1	거룩한 주님의 날	5		오른손을 왼쪽방향으로 밑에서부터 돌려 올려 귀쪽으로 45° 정도 되도록 편다.
2	에 예배	5		손을 내리며 가슴에 얹는다.
3	드리	2		가슴에서 손을 모은다.(기도손)
4	고	3		손을 어깨넓이 정도 벌려 손바닥을 편채로 내린다. 이때 팔꿈치가 직각이 되는 데까지만 내린다.
5	이 시간 헤어지는	5		④번 끝동작에서 오른손 검지로 왼손 손바닥을 한번 찍고 손 주위를 한바퀴 돌린다.
6	우리들	4		옆사람과 오른손, 왼손 순으로 잡는다.
7	서로 인사들 나눠요	4		오른쪽 사람이랑 인사하고 가운데 보고 왼쪽 사람이랑 인사하고 가운데를 본다.
8	선생님	3		오른손을 정중앙보다 오른쪽으로 어깨높이만큼 손바닥까지 편다.
9	사랑해요	5		"사랑"할 때 왼손을 입술에 찍고 오른손바닥위에 겹쳐 올려놓는다.
10	친구들아 사랑한단	5		오른손, 왼손 순으로 어깨동무한다.
11	다	3		⑤번 동작에서 오른쪽, 왼쪽으로 왔다갔다 한다.
12	다음	1		⑪번 동작 그대로 있는다.
13	주에 만날	4		엄지부터 순서대로 새끼손가락만 남기고 주먹 쥔다.
14	때 웃으	4		기도하는 손을 모으며 가슴으로 내려온다.
15	면서 만나	4		두손을 활짝 펴서 얼굴 양옆에 둔다.
16	요	3		양손을 흔든다.

번호	가 사	박자	도 해	해 설
17	거룩한 주님의- 헤어지는 우리게	24		①-⑥동작 반복
18	하나님 축복하소서	4		양손을 잡은 채 위로 쭉 올린다.
19	오늘 배운 말씀가지	5		양손을 양쪽 귀뒤로 가져가 귀기울이는 모양을 만든다.
20	고 한	4		양손을 동시에 가슴에 엇갈리게 놓는다.
21	주간	2		오른손은 엄지, 검지만 왼손은 다섯 손가락 모두 편다. 양손은 어깨 넓이 정도로만 벌린다.
22	살아갈 때에 승리	6		앞에서 ㉑번 동작 그대로 한바퀴 돌린다.
23	하게 하소	4		오른쪽 팔을 직각으로 하고 주먹쥔채로 두 번 찍는다.
24	서 승리	4		오른손을 쫙 편다.
25	하게 하소	4		㉓번과 같은 동작으로 왼손도 같이한다.
26	서	3		왼손을 쫙 편다.

* 폐회송으로 많이 불려지는 곡이다. 너무 느리게 하지 않도록 주의하자. 귀한 주일예배를 정리하며, 축복하며 헤어질 수 있는 찬양이다.

41 나무 아저씨처럼

작사 선준호
작곡 조현주

번호	가 사	박자	도 해	해 설
1	나무 아저	2		오른손을 주먹 쥐고 나무가지처럼 구부린다.
2	씨 처럼	2		오른팔을 그대로 돌려 왼팔도 오른팔과 같이 한다.
3	새싹 아가씨처럼	4		②의 상태에서 양손을 폈다 주먹쥐었다를 반복한다.
4	파랗게 파랗게	4		한손씩 손바닥을 보이며 편다.
5	자라나요	2		④의 상태에서 양손을 번갈아 가며 조금씩 위로 올리다 "요"할 때 양손을 같이 올린다.
6	하나님	2		⑤의 상태 그대로
7	햇살 받으며	2¾		⑥에서 양손을 바깥에서 안으로 돌리며 내려준다.
8	예수님 사랑 느끼며	5¼		한 손의 손등과 다른 손의 바닥을 포개어 얼굴 옆에 갖다 댄다.
9	아름	2		오른손을 주먹 쥔다.
10	답게	2		왼손을 주먹 쥔다.
11	자라나	1½		주먹 쥔 양손을 살짝 흔들어 준다.
12	요	2½		가지가 자라나는 것처럼 양팔을 쭉 뻗기(양손가락도 모두 편다.)

  * 가사가 예쁜 아이들이 참 좋아하는 유치부 찬양이다. 파랗게 자라가는 나무의 모습을 상상하며 씩씩하게 표현해보자. 시각자료를 이용하는 것도(나무, 새싹, 해) 좋을 것이다.

42 나 이제

작사 김보연
작곡 여상원

나 - 이제 말할 수 있어 - 요 -
　　　　느낄 수
　　　　택 할 수

십 - 자 가 - 그 사랑　십자가그 약　속 -
주 - 님 의 - 그 눈물　주님의그 아　픔 -
나 의것 모두 버 리고　하나님의 것　을 -

번호	가 사	박자	도 해	해 설
1	나	3		오른손을 가슴 위에 놓는다.
2	이제	3		오른손을 앞쪽으로 내민다.
3	말할	3		왼손을 입앞에 갖다 댄다.
4	수	3		왼손을 오른손 위에 포갠다.
5	있어요	11		④의 상태에서 왼쪽으로 돌려 포갠 손을 가슴 앞에 위치시킨다.
6	십자가	6		⑤의 상태에서 위로 쭉 올린다.
7	그 사랑	6		양팔을 벌려 십자가에 달리신 예수님을 표현한다.
8	십자가 그	5		양팔을 가운데로 모아주다가 "그"할 때 새끼손가락을 건다.
9	약속	7		⑧의 상태로 양손을 가슴 앞까지 내린다.
10	느낄	3		②의 상태에서 왼손을 이마에서부터 시작해서 가슴까지의 중앙부분을 따라 손을 내린다.
11	주님의	6		⑥과 동일
12	그 눈물	6		⑪의 상태에서 눈앞까지 내린 후 눈물을 닦듯이 양옆으로 벌린다.

번호	가 사	박자	도 해	해 설
13	주님의 그	5		가슴 앞에서 양팔을 안에서 밖으로 한바퀴 반 돌린다.
14	아픔	7		기도손한다.
15	택할	3		왼손을 위로 올리고 무엇을 집는 듯한 손동작을 한다.
16	나의 것	5		한 손은 주먹 쥐고 다른 한 손으로 주먹 쥔 손을 감싼다.
17	모두 버리고	7		양손을 피면서 양옆으로 벌린다.
18	하나님의	5		양손을 세우고 직선으로 위로 올린다.
19	것을	7		양손 주먹 쥔다.

*믿음의 성장과정처럼 1,2,3절이 진행되어진다. 율동이 가사에 딱 맞게 만들어져서 아이들이 의미를 잘 느낄 수 있을 것이다.

43 난난난

작사, 곡 제갈윤

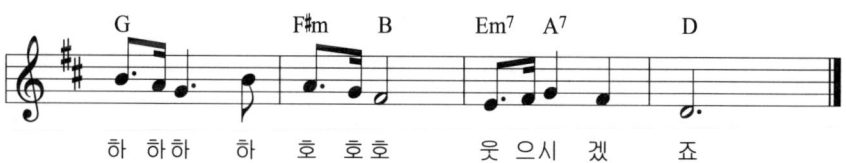

번호	가 사	박자	도 해	해 설
1	난	1		오른손의 엄지손가락을 세우고 오른쪽 어깨를 찍는다.
2	난	1		왼손 엄지손가락을 펴고 왼쪽 어깨를 찍는다.
3	난	1		양쪽 어깨를 같이 찍는다.
4	예수님의	3		양검지 손가락을 세우고 하트 모양을 만든다.
5	마음 가지고	6		③의 상태에서 양손가락을 펴고 몸을 우, 좌로 한번씩 흔들면서 양손 동시에 가슴손 한다.
6	나보다는	3		오른손을 머리 위에 얹는다.
7	내친구	3		⑤의 상태에서 왼손을 앞으로 내민다.
8	섬기겠어요	6		오른손으로 왼손 아래를 받친 후 끊으면서 올린다.
9	아마도	3		오른손을 턱 부분에 갖다 댄다.
10	예수님은	3		⑧의 상태에서 왼손등을 오른쪽 팔꿈치 아래에 갖다 댄다.
11	내 모습을	3		⑩의 상태에서 오른손을 눈썹 윗부분에 갖다 댄다.
12	보시고	3		왼손도 눈썹 윗부분에 갖다 댄다.
13	하하하하	3		손을 펴고 입 앞에서 양옆으로 끊으면서 벌린다.

번호	가 사	박자	도 해	해 설
14	**호호호**	3		양손 검지 손가락을 세우고 입 앞에서 안에서 밖으로 손가락을 돌린다.
15	**웃으시**	2		손을 펴고 가슴 앞에서 겹쳐서 모았다가 양옆으로 펼친다.
16	**겠죠**	4		⑭와 동일한 방법으로 하되 동작을 좀 더 크게 위로 올리며 한다.
17	**사랑가지고**	6		⑤와 동일
18	**사랑할래요**	6		옆 친구를 안아 준다.

* 자신의 목숨처럼 다윗을 사랑한 요나단처럼 우리 아이들이 친구들을 더욱 깊이 사랑하게 되길 소망한다. 유치부에서는 "난난난"을 그냥 양손으로 엄지손가락을 내밀고 어깨를 3번 찍는 것으로 표현해도 좋다.

번호	가 사	박자	도 해	해 설
1	내	1		가슴손한다.
2	생각을	2		오른손의 검지를 세우고 관자놀이에 댄다.
3	예수님처	3		검지로 관자놀이를 두 번 두들긴다.
4	럼	2		오른손을 피면서 위로 올린다.
5	내 마음	2		④의 상태에서 왼손을 가슴손한다.
6	을 예수님께	3		"을"할 때 검지 손가락을 펴 가슴에 대고 "예수님께"할 때 두 번 두드린다.
7	께	2		"께"의 뒤의 두박자는 손을 위로 올린다.
8	손과 발	2		손바닥이 보이게 양손을 앞으로 내밀었다가 몸 앞으로 당긴다.
9	은 친구	2		⑧과 동일한 방법으로 하되 손등이 보이도록 한다.
10	위	2		오른손으로 어깨동무한다.
11	해	2		왼손으로 어깨동무한다.
12	섬기며	2		어깨동무를 한 상태로 오른쪽으로 몸을 움직였다가 제자리로 한다.
13	자라가도	2		⑫와 동일한 방법으로 왼쪽으로 한다.
14	록	4		4번 끊으면서 양손을 위로 올린다.
15	주의 말씀 들려주세	4		성경책 펴는 모습
16	요	3		⑮의 상태로 좌우로 한번씩 고개를 끄덕인다.

번호	가사	박자	도해	해설
17	주의 말씀	2		⑯의 상태에서 오른손만 귀 옆에 갖다 댄다.
18	들려주세	2		왼손을 귀 옆에 갖다 댄다.
19	요	3		⑱의 상태로 좌우로 한번씩 고개를 끄덕인다.
20	주의 말씀	2		오른손을 가슴손한다.
21	들려주세	2		왼손을 가슴손한다.
22	요	3		가슴손한 상태로 좌우로 한번씩 고개를 끄덕인다.
23	예수님	2		오른손 엄지손가락을 세우고 앞으로 내민다.
24	처럼	2		왼손도 ㉓과 같이 한다.
25	선택하도록	4		양손을 옆으로 벌리면서 서로 엇갈리게 위, 아래로 움직인다.
26	주의 말씀 들려주세	4		성경책 피는 모습
27	요	2		양손을 귀 옆에 갖다 댄다.
28	요	1		가슴손한다.

* 반복되는 가사를 작은소리부터 점점 크게 부르다가 마지막에는 다같이 소리지르며 찬양해 보자. 아이들이 좋아할 것이다.

45 나 찬양합니다

작사 김보연
작곡 여상원

번호	가 사	박자	도 해	해 설
1	내 작은 가슴에	3½		"내 작은"에서는 율동이 없다가 "가슴에"에서 오른손을 가슴에 댔다가 옆으로 펼친다.
2	솟아나는	2		왼손도 오른손과 같이 한다.
3	이 기쁨	4		③의 상태로 몸전체를 좌우로 흔든다.
4	감출 수	2		손을 피고 얼굴 앞에 갖다 댄다.(손바닥이 안쪽)
5	없어 나	2		왼손도 얼굴 앞에 갖다 댄다.
6	찬양합니다	4		손바닥이 바깥쪽으로 보이게 펼친다.
7	주님의 사랑은	4		검지 손가락을 펴고 하트모양을 그린다.
8	놀라운 사랑	4		박수를 치고 손을 위로 펼치면서 하트모양을 만들며 아래로 내린다.
9	나 찬양	2		엄지손가락을 세우고 자기를 가리킨다.
10	합니	1½		⑩의 손을 앞으로 내민다.
11	다	2½		오른손을 젖히면서 뒤로 넘긴다.
12	주님의 말씀은	4		성경책 펴는 모습
13	놀라운 능력	4		양손을 주먹 쥐고 끊으면서 두 번 올린다.
14	나 찬양	2		양손 엄지세우고 자신을 가리킨다.
15	합니	1½		16의 손을 그대로 앞으로 내민다.
16	다	2½		양손을 젖히면서 뒤로 넘긴다.

46 보물

작사 양승헌
작곡 여상원

녹슬어서꽝! 도둑이들어꽝! 이땅은 내 보물 쌓을곳 아니네

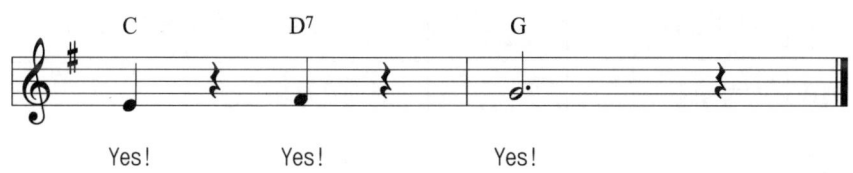

나의보물하늘에 쌓아둘테야 녹슬지않아 Yes 도둑이없어 Yes

Yes! Yes! Yes!

번호	가 사	박자	도 해	해 설
1	녹슬어서	2		가루가 떨어지는 것처럼 아래에서 위로 손가락을 비비며 올린다.
2	꽝	1		손을 잡으며 손뼉을 친다.
3	도둑이 들어	2		양손을 눈썹 부근에 갖다 댄 후 고개를 들어 손등 위로 눈이 나오게 한다.
4	꽝	1		손을 잡으며 손뼉을 친다.
5	이 땅은	2		가슴 앞에서 손등이 보이게 하여 옆으로 누인다.
6	내 보물	2		⑤의 상태에서 왼손도 오른손과 같이 옆으로 누인다.
7	쌓을 곳 아니	2		⑥의 상태로 흔들면서 위로 올린다.
8	네	2		우르르 무너지는 것처럼 양손을 세우고 아래로 내린다.
9	나의 보물	2		손바닥을 약간 오그린 채 앞으로 내민다.
10	하늘에	2		왼손 역시 ⑨처럼 한다.
11	쌓아 둘 테	2		⑩의 상태로 곡선을 그리며 위로 올린다.
12	야	2		양손을 위로 올린 상태에서 엄지손가락을 세운다.
13	녹슬지 않아	2		양손을 펼치고 반짝인다.
14	Yes	1		손가락을 사용해 소리를 낸다.
15	도둑이 없어	2		양손을 허리손하고 배를 내민다.
16	Yes	1		⑭와 동일(손은 왼손)

번호	가 사	박자	도 해	해 설
17	Yes	1		오른손 주먹 쥐고 아래로 힘껏 끌어내린다.
18	Yes	1		⑰과 같은 방법으로 왼손도 한다.
19	Yes	1		⑱의 상태에서 양손을 오른쪽으로 한바퀴 돌린 후 아래로 힘껏 잡아당긴다.

* "도둑이 없어"의 율동은 도둑이 없어서 어깨를 펴고, 배를 내밀고 편안하게 지내는 모습을 나타낸 것이다. 쉼표에서 박수치며 불러도 좋다.

47 하나님이 예뻐하는 마음

작사 양승헌
작곡 오주한

번호	가 사	박자	도 해	해 설
1	높고	1		허리손
2	높은	1½		왼손, 오른손으로 구름모양을 만들되 왼손은 위에서 바닥이 아래를 향하게 하고 오른손은 아래서 바닥이 위를 향하게 하여 전체적으로 왼쪽에서 오른쪽으로 주물주물 한다.
3	저 구름	1½		②번 동작에서 왼손, 오른손의 위치를 바꾸고 오른쪽에서 왼쪽으로 주물주물한다. ②번 동작보다 손의 위치를 높인다.
4	은 빗물	3½		②,③동작을 반복하되 손의 위치를 높인다.
5	되어 떨어지	3		양손을 벌리고 검지, 중지, 약지, 새끼손가락 순으로 튕기며 내려준다.
6	고	2½		허리높이에서 손가락 전체를 튕겨주며 양 옆으로 나간다.
7	낮고 낮은 바닷물	4		왼쪽에서 오른쪽으로 양손을 허리높이에서 바닥을 위로 향하게 하여 반시계 방향으로 돌리며 물결을 만든다.
8	은 증기	3½		⑦번 동작과 같이 하되 오른쪽에서 왼쪽으로 손등을 위로 보이게 하여 시계방향으로 돌리며 물결을 만든다.
9	되어	1½		오른손을 손가락을 모아 봉오리를 만들어 손목을 돌리며 얼굴 있는 위치까지 올린다.
10	올라가	1½		왼손을 ⑨번 동작과 같이 한다.
11	네	2½		양손을 더 높이 손목을 돌리며 올린다.
12	높아지고 싶나요	3½		머리 위에서 손을 모아 위로 올린다.
13	낮아지세요	1½		⑫번 동작에서 손을 엇갈리게 하여 가슴으로 내려와 얹는다.
14	낮아지고 싶나요	3½		원을 그리며 검지손가락을 가지고 땅을 가르친다.
15	높아지세	1		손바닥을 한번 뒤집으며 앞쪽으로 손바닥이 보이게 한다.
16	요	1		⑮의 동작을 더 높은 위치에서 반복한다.

번호	가 사	박자	도 해	해 설
17	하나님이	2		오른손을 반원을 돌리며 올려 검지 손가락을 세운다.
18	미워하	1½		왼손도 같이 반복하여 검지손가락의 모양이 "X"가 되게 한다.
19	는	1		⑱의 동작을 그 위치에서 한번 찍어준다.
20	마음	2		검지손가락으로 만든 "X"를 가슴으로 가지고 온다.
21	높아진	2½		양손을 모아 위로 올린다.
22	마음	3		모은 손이 찢어지면서 내려온다.
23	하나님이	2		⑰번 동작과 같이하되 엄지와 검지를 이용하여 원을 만든다.
24	예뻐하	1½		왼손도 같이 하고 ⑱번 동작을 하되 엄지와 검지로 원을 만든다.
25	는	1		㉔번 동작을 그 위치에서 한번 찍어준다.
26	마음	2		㉕번 동작 그대로 가슴으로 내려온다.
27	낮아진	2½		양손으로 원을 그린다.
28	마음	2½		가슴에서 손을 엇갈리게 얹어 놓는다.

* 고학년 대상의 찬양으로 교만과 겸손의 모습을 자연현상 가운데서 찾은 찬양이다. 먼저 찬양을 충분히 숙지한 다음 율동 가운데서 의미를 더해주면 좋겠다.

48 동전 하나

작사 정숙의
작곡 여상원

번호	가 사	박자	도 해	해 설
1	동전 하나	2		오른손을 주머니 부근에 갖다 댄다.
2	동전 둘	2		왼손을 오른손등위에 포갠다.
3	칠일 동안	2		②의 상태로 가볍게 튕겨준다.
4	모아서	2		물을 받는 듯한 모양으로 양손을 모아준다.
5	하나님께 드려요	4		오른손을 아래쪽으로 가볍게 튕긴 후 위로 올린다.
6	기쁨으로 드려요	4		⑤와 동일한 방법으로 왼손도 위로 올린다.
7	먹고 싶고	2		(오른손을)"싶고"할 때 입 앞에서 물건을 움켜잡듯이 쥔다.
8	갖고 싶은	2		⑦과 동일한 방법으로 왼손도 가슴 앞에서 쥔다.
9	욕심도 있지만	4		⑧의 상태로 몸전체를 좌우로 흔든다.
10	예쁜 마음 정성 모아	5		양팔로 큰 원을 그린 후 "모아"할 때 손바닥이 보이게 양손목을 교차시켜 "X"모양을 만든다.
11	하나님께	3		⑩의 상태로 양손을 아래로 살짝 튕긴후 위로 올려준다.
12	드려요	4		⑪의 상태로 손등이 보이게 양옆으로 양팔을 벌린다.

* 여태까지의 헌금송의 분위기와는 다른 헌금송이다. 아이들이 하나님의 베푸심에 감사하며 헌금을 드리도록 해보자. "먹고싶고- 욕심"을 진짜 욕심꾸러기 처럼 표정을 지어보자.

49 드려요

작사 이영미
작곡 제갈윤

드 려 요 주님앞에 주님주신모든 것

알 아 요 주 님 이 모 든것 주 심 을

하 늘에 쌓 아 두 면 안심할수있어 요 -

나 의것 모 두 다 주님께맡겨 요

번호	가 사	박자	도 해	해 설
1	드려요	3		손을 앞으로 내민다.
2	주님 앞에	3		왼팔을 쭉펴서 왼쪽에서 오른쪽으로 그대로 가져와 왼손을 오른손 위에 포갠다.
3	주님 주신 모든	3		양손을 포갠 상태로 위로 올린다.
4	것	3		손을 양옆으로 편다.
5	알아요	2		양쪽 관자놀이를 살짝 친다.
6	주님이	2		손을 쫙펴서 손끝부터 팔꿈치까지 붙인다. (손바닥을 마주보게)
7	모든것	2		오른손을 움직여 "✝"모양을 만든다.
8	주심을	4		⑦의 상태에서 양손을 가슴 앞에 갖다댄다.
9	하늘에	3		손바닥이 보이게 하여 오른팔을 편다.
10	쌓아두면	3		⑨와 같은 방법으로 왼팔도 편다.
11	안심할 수 있어	3		양손으로 팔뚝을 잡으면서 손을 아래로 내린다.
12	요	3		고개를 숙였다 든다.
13	나의 것	2		⑫의 상태에서 손을 펴서 앞으로 내민다.
14	모두다	2		왼손도 오른손과 같이 앞으로 내민다.
15	주님께	2		오른손 위에 왼손을 포갠다.(사이에 물건이 있는 것처럼 볼록 튀어나오게)
16	맡겨요	4		양손을 포개서 위로 올린다.

50 사랑의 씨앗

작사 이형구
작곡 곽상엽

우리 모두 사랑하며 살아 요 - 주님의 말씀 따라 서 -
매일매일 사랑하며 살아 요 - 주님의 명령 따라 서

우리 모두 주의 사랑 나누 면 - 그 때 우리 작은 마음 에 -
전하 면 그 때 우리 작은 마음 에 -

주 님 주 시 리 - 사 랑 의 씨 앗 - 온

세 상 가 득 하 리 - 예수님 사랑으 로 -

번호	가 사	박자	도 해	해 설
1	우리 모두	2		손바닥이 아래로 향하게 하여 가슴 앞 위치에서 손을 펼친다.
2	사랑하며	2		왼손도 펴서 양손 깍지 낀다.
3	살아	1½		한쪽 어깨를 올리고 손가락들을 까딱거린다.
4	요	2½		반대편 어깨를 올리고 손가락들을 까딱거린다.
5	주님의 말씀	4		"말씀"에서 성경책 피는 모습
6	따라서	4		오른손 엄지손가락을 세우고 왼손바닥을 3번 두드리며 위로 올린다.
7	우리 모두 주의 사랑	4		①+②
8	나누	1½		양손 깍지 껴서 잡는다.
9	면	2½		몸을 약간 왼쪽으로 틀고 오른손은 앞으로 왼손은 뒤로해서 팔을 옆으로 펼친다.
10	그때	2		손가락을 이용해 소리를 낸다.
11	우리 작은	2		오른손바닥을 심장부근에 갖다 댄다.
12	마음에	4		왼손으로 오른쪽 어깨부근, 가슴 중앙부분을 찍고 오른손의 윗부분에 갖다 댄다.(심장부근)
13	주님 주시	3½		양손의 엄지손가락을 세우고 오른쪽 위로 올린다.
14	리	4½		오른쪽 위에 있는 손을 끊으면서 가슴 앞으로 내린다.
15	사랑	2		손으로 가슴 앞에서 하트반쪽 모양을 만든다.
16	의 씨	1½		왼손으로 하트의 나머지 반쪽을 만들어 양손을 붙여 하트모양을 만든다.

번호	가 사	박자	도 해	해 설
17	앗	3½		⑯의 상태에서 엄지손가락부터 차례로 하나씩 편다.
18	온 세	4		⑰의 상태로 있다가 "세"할 때 양옆으로 팔을 쫙 편다.
19	상	1½		⑱보다 약간 위쪽으로 팔을 올린다.
20	가득	1½		양손을 머리 위에 얹는다.
21	하리	3		머리 위에 얹은 두손을 위로 올린다.
22	예수님	2		양손의 검지와 엄지를 사용해 하트모양을 만들고 나머지 세손가락은 펴준다.
23	사랑으로	5		㉓의 손을 끊으면서 아래로 내린다.

* 손가락들이 모두 다르듯 우리들도 서로 다르지만, 손가락이 서로 맞물리듯 우리들도 서로 조화를 이루면서 살아감을 율동으로 표현했다.

51 순종하며 살아요

작사 이 영미
작곡 김 주애

번호	가 사	박자	도 해	해 설
1	♪	1		엄지와 검지로 원을 만들고 나머지 세손가락을 세워 양쪽 귀옆에 갖다댄다.
2	윙윙윙	3		①의 상태로 앞으로 3번 돌린다.
3	벌들	1¾		중지와 검지 두손가락을 세우고 오른손을 앞으로 내민다.
4	은	2¼		③의 상태에서 왼손도 오른손과 똑같이 한다.
5	♪신	2		양손을 오른쪽으로 움직였다가 다시 가운데로 움직인다.
6	나게	2		⑤와 동일하게 하되 방향만 왼쪽으로 한다.
7	꿀	1		집게손가락만 펴서 맛보는 것처럼 앞부분을 찍는다.(꿀을 찍어 먹는 것처럼)
8	먹고	3		⑦의 손을 그대로 입에 갖다 댄다.
9	♪맴	2		오른손을 뒷주머니 부근에 갖다 댄다.
10	맴맴	2		왼손을 뒷주머니 부근에 갖다 댄다.
11	매미들은	4		옆친구와 붙어 몸을 흔든다.
12	힘차게	2		박수를 친다.
13	노래하네	5		엄지손가락과 네 손가락을 붙였다 떼었다를 5번 반복하며 양옆으로 움직인다.
14	우리	2		오른손의 엄지손가락을 세운 후 가슴 앞으로 내민다.
15	교회	2		⑭의 상태에서 왼손을 "ㅅ"모양으로 오른손 아래 갖다 댄다.
16	어린이	4		⑮에서 오른손은 그대로 둔 채 왼손만 가슴으로 가져와 "어"와 "이"할 때 두 번 두드린다.

번호	가 사	박자	도 해	해 설
17	배우고	4		⑯의 상태에서 양손을 앞으로 내밀면서 곡선으로 돌려 올려 입 앞에 갖다 댄다.
18	아멘	2		⑰의 상태에서 오른손을 오른쪽 귀에 갖다 댄다.
19	아멘	2		⑱의 상태에서 왼손을 왼쪽 귀에 갖다 댄다.
20	순종하며	4		⑲에서 오른쪽으로 한번, 왼쪽으로 한번 고래를 끄덕인다.
21	순종하며	2		오른손을 위로 올린다.
22	살아	2		왼손을 위로 올린다.
23	요	3		양손의 엄지손가락을 세우고 양팔을 번갈아 가며 구부렸다 폈다 한다.

*"우리교회"에는 자기 교회의 이름을 "어린이"에는 자기 이름을 넣어서 불러도 좋다.
여름을 시원하게 만드는 매미처럼 우리아이들이 신나고 힘차게 찬양하도록 하자.

52 하나님 먼저

작사, 곡 송 세라

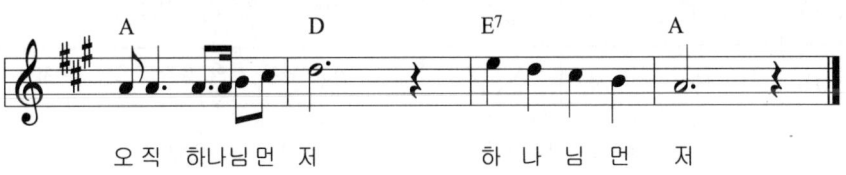

번호	가 사	박자	도 해	해 설
1	으뜸이 되고자 하나요	8		오른손을 주먹 쥐고 내밀고 그 위에 왼손 주먹을 쌓아올리고 다시 오른손, 왼손 순으로 쌓아올리기를 반복한다.
2	하나님을	2		①번 동작 끝에 이어 오른손주먹을 다시 쌓을 때 엄지손가락을 위로 들어 하나님을 표시한다.
3	높이세요	6		오른손 엄지를 든 채로 반시계방향으로 2번 돌리며 올린다.
4	첫째가 되고자 하나요	8		오른쪽 팔을 가슴 앞에 놓여 왼손, 오른손, 왼손 순으로 쌓아올린다.
5	하나님을	2		양손을 주먹 쥐고 엄지손가락을 세워 찍어준다.
6	높이세요	6		3번 동작을 반복하되 오른손, 왼손을 동시에 올려준다.
7	내가 최고 안돼	4		오른손으로 힘자랑하는 어깨에 힘을 주어 들어 보이고 다음 왼손도 동일하게 한다.
8	요	4		⑦번 동작에서 부인하는 의미로 손바닥을 펴서 흔들며 몸쪽으로 당겨준다.
9	내가 먼저 안돼	4		손바닥을 펴서 오른손, 왼손, 오른손, 왼손 순으로 조금씩 앞으로 나간다.
10	요	4		⑨에서 몸쪽으로 부인하는 의미로 손바닥을 흔들며 몸쪽으로 당겨준다.
11	오직	2		박수
12	하나님 먼저	6		오른손 주먹 쥐고 엄지손가락 세워서 앞으로 내밀고 왼손, 오른손 순으로 반복하며 조금씩 앞으로 내민다.
13	하나	2		박수
14	님 먼	2		어깨높이보다 조금 아래로 어깨넓이보다 넓게 벌려 양손을 주먹 쥐고 엄지를 세운다.
15	저	4		손뼉 치고 난후 ⑭의 동작을 높은 위치에서 해준다.

* "안돼요"에서 표정을 정확하게 전달하기를 바란다. 내가 최고, 먼저는 강하게 안돼요는 약하게 표현해서 상반되는 율동이 드러나게 하자.

53 이럴까 저럴까

작사 양승헌
작곡 여상원

번호	가 사	박자	도 해	해 설
1	이럴까	1½		양손의 검지손가락을 펴고 오른쪽 가슴 앞에서 돌린다.
2	저럴까	1½		①과 같은 방법으로 왼쪽 가슴 앞에서 돌린다.
3	마음	1		가슴 앞에서 검지 손가락을 붙인다.
4	나뉠 때 나는	4		양손가락을 떼어 양옆으로 벌린다.
5	예수님께	2		오른쪽 검지 손가락으로 어깨를 찍는다.
6	기도	1½		왼손 검지 손가락으로 어깨를 찍는다.
7	해	2½		양손으로 어깨를 찍는다.
8	해	2		기도손
9	이럴까 저럴까	3		①,②와 같은 방법으로 하되 주먹을 쥐고 한다.
10	마음 나뉠 때 나는	5		주먹부터 팔꿈치까지 붙였다 뗀다.
11	예수님께	2		엄지손가락을 펴고 엄지손가락으로 어깨를 찍는다.
12	기도	1½		⑪과 같이 왼쪽 어깨를 찍는다.
13	해	2½		양손으로 어깨를 찍는다.
14	해	2		기도손
15	예수님 어떻게	5		오른손을 바깥에서 안쪽으로 돌려 위로 올린다.
16	할까요	3		손을 펴서 어깨 높이에 위치시키고 어깨를 두 번 으쓱인다.

번호	가 사	박자	도 해	해 설
17	예수님	2½		엄지손가락을 세우고 앞으로 내민다.
18	내 마음의	2½		옆쪽으로 향해있던 왼쪽 손가락을 앞쪽으로 향하게 한다.
19	나침	2		왼손바닥 위에 오른손 검지 손가락을 펴서 손가락 끝이 왼쪽을 향하게 올려놓는다.
20	반	2		손가락 끝이 앞을 향하게 한다.
21	이럴까-나될 때	7		①-④와 동일
22	예수님처럼	3		양쪽 어깨를 찍는다.
23	선택	1½		양손을 그대로 앞으로 내민다.
24	해	3½		양엄지 손가락을 세우고 옆으로 찍으면서 벌린다.

* 아이들이 작은 고민이나 큰 고민이나 나침반되시는 예수님께 기도하기를 소망하는 곡이다.

54 제자 제자 제자인가요

작사 이형구
작곡 송세라

1	제자	1		주먹을 쥐고 가슴 앞에 손을 옆으로 누인다.
2	제자	1		①의 상태에서 ①과 같은 방법으로 왼손도 하되 옆사람의 오른팔에 낀다.
3	제자인가요	5		②의 상태로 우-좌로 한번씩 몸을 움직인다.
4	예수님의	2		엄지손가락을 세우고 손을 높이 든다.
5	제자	1		④의 상태로 가슴손한다.
6	인가	1		④의 상태로 옆이마에 손을 댄다. 가져와 손뼉을 친다.
7	요	3		오른손을 피고 왼손을 오른손 위치까지 가져온다.
8	무엇	1		손바닥 위에 물체를 받치고 있는듯한 동작으로 손바닥을 피고 몸오른쪽으로 위치 시킨다.
9	무엇	1		⑨와 같은 방법으로 왼팔도 몸 왼쪽으로 위치시킨다.
10	무엇을 보고	5		어깨를 2번 으쓱거린다.
11	예수님의 제자 인가요	7		④-⑥과 동일
12	말씀	1		가슴앞에서 손가락이 앞방향을 향하게 하고 박수를 친다.
13	대로 ≩	2		손바닥을 하늘로 향하게 편다.
14	살아가고	3		⑬의 상태에서 양손을 옆으로 세우고 3번에 걸쳐 앞으로 팔전체를 움직인다.
15	말씀대로	4		⑫-⑬과 동일
16	순종하면	5		팔동작을 끊으면서 거수경례를 한다.

번호	가 사	박자	도 해	해 설
17	우리들은	3		한손씩 차례로 가슴손한다.
18	누가 보든지	3		고개를 뒤로 돌렸다가 "지"할 때 앞을 본다.
19	예수님의	2		양손 엄지손가락을 세우고 앞으로 내민다.
20	제자 입니	2		양손을 동시에 가슴손한다.
21	다	3		양손을 머리 양옆부분에 댄다.
22	〜	1		머리위에서 손뼉을 친다.

55 축복합니다

번호	가 사	박자	도 해	해 설
1	축복합니다 주님의	8		오른팔을 옆으로 왼팔을 앞으로 한 후 기도손, 왼팔 옆으로 오른팔 앞으로 한 후 기도손
2	이	2		오른손으로 위에서 엄지와 검지로 그 모양을 만들어 준다.
3	름으로	5		손바닥을 펴서 그대로 내려준다.
4	축복합니다 주님의	8		①번 동작 반복
5	사랑으	3½		오른손 손목을 돌려 반하트를 만든다.
6	로 이곳에	4¼		왼손도 손목을 돌려 반하트를 만들어 온전한 하트가 되게 한다.
7	모인 주의 거룩한	4		양팔을 편 채로 찍으면서 팔을 포갠다.
8	자녀에게 주님의	4		팔을 포갠 채로 오른쪽, 왼쪽으로 흔들어준다.
9	기쁨과	2		얼굴 아래서 "X"자를 손으로 만들어 준다.
10	주님의	2		⑦번 동작과 같이 팔을 포갠다.
11	사랑이	3		양팔로 접시 모양을 만들고 다시 팔을 포갠다.
12	충만하게	3		오른손을 가슴 앞으로 손끝을 둥글게 하여 내밀고 왼손도 오른손과 같이 해준다.
13	충만하게 넘치기	4¾		⑫번 동작을 머리 위에서 한다.
14	를	4¼		양손을 손목을 돌리며 내린다.
15	축복합니다	4		오른손을 입술이 보이도록 손바닥을 눕혀 입에 댄다.
16	God bless	4		오른손, 왼손 순으로 팔을 펴준다.

번호	가 사	박자	도 해	해 설
17	you	4		손가락을 움직이며 안쪽으로 모아준다.
18	God bless	4		양손을(오른손, 왼손 순으로)위로 펴준다.
19	you	4		⑰번 동작과 같이 해준다.
20	축복합니다 주님의	8		①번 동작을 더 크게 해준다.
21	사랑으로	7		양손목을 입앞에서 돌려 하트를 만들어준후 손을 입앞에서 모은다.
22	ξ	1		⑮번 동작에서 "후"하고 불어준다.

* 주일학교에서 청년부에 이르기까지 폭넓게 불리우는 찬양이다. 찬양하며 사탕같은 작은 선물을 하나씩 전하는 것도 좋을 것이고 새친구 환영가로도 좋을 것이다.

56 예수님이라면

작사 양승헌
작곡 여상원

번호	가사	박자	도해	해설
1	이게 좋아 저게 좋아	4		오른손바닥을 손목을 이용하여 뒤집고 손가락을 튕겨준다. 왼손도 같은 동작으로 한다.
2	남들 말해도	4		검지만 눕혀 세워 돌린 후 귀에 댄다.
3	나는 확실한	2		두팔꿈치로 찍어주되 주먹을 쥔다.
4	기준 있어	2		두손바닥을 피며 앞으로 내민다.
5	요	4		오른손을 주먹 쥐고 엄지손가락만 내밀어 왼손바닥을 두 번 치고 오른손을 그대로 오른쪽위로 올린다.
6	예수님이라면	4		오른손 그대로 물음표 그린다.
7	어떻게 하실까	4		⑥번 동작에 이어 오른손을 그대로 왼손바닥위에 올려놓고 오른쪽, 왼쪽 한번씩 튕겨준다.
8	what	½		오른손을 옆으로 내민다.
9	would	½		왼손을 옆으로 내민다.
10	Jesus	½		양손을 들썩거려준다.
11	do	½		오른손 검지손가락으로 머리를 찍고 그대로 이어서 손바닥을 펴서 오른쪽 위에서 펴준다.
12	예수님이리면	4		⑥번 동작 반복
13	어떻게 하실까	4		⑦번 동작 반복
14	what would Jesus	1½		⑧-⑩동작 반복
15	do	½		양손을 편다.

* 무슨 일을 선택하든지 예수님이라면 어떻게 하셨을까를 먼저 생각하는 우리 아이들이 되자는 내용의 찬양이다. 이 찬양이 아이들의 매일의 생활속에 영향력을 끼치게 되길 소망한다.

번호	가사	박자	도해	해설
1	함께	2		오른손을 옆으로 내민다.
2	여행을	2		왼손을 옆으로 내밀며 옆사람의 손을 잡는다.
3	떠나요	4		옆사람의 손을 잡고 팔 전체를 뒤에서 앞으로 3번 돌린다.
4	성경의	2		오른손바닥을 펴서 옆으로 세워 몸 앞쪽에 위치시킨다.
5	세계	1½		왼손도 ④와 같이 하여 양손바닥을 마주 댄다.
6	로	4½		⑤의 상태에서 양손을 손바닥이 위로 향하게 하여 옆으로 벌린 후 양팔 사이로 고개를 숙인다.
7	신기	2		박수를 친다.
8	하고 놀라	2		양손가락들을 연결해서 망원경 모양으로 만들어 눈앞에 갖다 댄다.
9	운 탐험	4		⑧의 상태로 몸을 우좌로 한번씩 흔든다.
10	우리를	2		오른손을 가슴손한다.
11	기다리	1½		왼손도 가슴손한다.
12	네	3½		⑪의 상태로 아래에서 위로 한바퀴 돌린 후 다시 가슴손한다.
13	성령님은	2½		오른손 엄지를 세우고 앞으로 내민다.
14	우리의	2½		오른손 엄지로 자기 가슴을 찍는다.
15	안내자	3		⑭의 상태에서 오른손을 3번 찍으면서 앞으로 똑바로 내민다.
16	열린 맘으로 느끼고	5		왼쪽 어깨 앞에서 오른손을 피면서 팔을 오른쪽으로 펼친다.

번호	가 사	박자	도 해	해 설
17	배워요	3		⑯의 상태에서 왼손을 주먹 쥐고 밑으로 2번 당겼다가 손을 펴며 팔을 위로 올린다.
18	사랑의 하나님	5		⑰의 상태에서 왼손으로 하트반쪽을 그린 후 가슴손한다.
19	우리 위해	4		⑱의 상태에서 오른손도 왼손과 같이 한다.
20	이루신 큰 일	4		⑲의 상태에서 오른손 주먹 쥐고 4번 찍으며 앞에서 옆으로 이동한다.
21	들 ≩	3		왼손도 오른손과 같이 한다.
22	함께 여행을	3		①과 동일
23	떠나	1½		②와 동일
24	요 ≩	4½		③과 동일
25	성경의 세계로≩	7		④-⑥과 동일
26	함께 여행을 떠나요≩	9		㉒-㉔와 동일
27	성경	4		④와 동일하게 하되 팔을 쫙펴고 한다.
28	의 세계	3½		㉗과 같이 왼팔도 하여 양손을 마주 붙인다.
29	로	4½		⑥과 동일하게 양팔을 쫙 펴고 한다.

* 성경에 있는 신기하고 놀라운 이야기들을 기대할 수 있는 찬양이다. 성경 여행을 떠나는 어린이들이 하나님에 대한 사랑과 이웃에 대한 사랑을 품고 떠날 수 있도록 신나게 불러보자.

58 나 사는 동안

작사, 곡 신 영석

번호	가 사	박자	도 해	해 설
1	나 사는 동안	4		왼쪽 어깨 앞에서 손바닥을 펴면서 오른쪽으로 움직이면서 팔을 쫙 편다.
2	주님만	3		오른손 엄지 손가락을 세우고 가슴 앞으로 가져온다.
3	사랑하면서	5		②의 상태에서 왼손을 가져와 오른손을 감싼다.
4	나	1		③의 상태에서 고개를 숙인다.
5	영원히 주를	6		④의 상태로 고개를 한바퀴 돌린다.
6	찬양하며	3		고개를 들면서 손가락을 움직이며 위로 올린다.
7	살리라	2		⑥의 상태에서 팔을 옆으로 펼치며 내린다.
8	내 마음 속에 참	4		오른손을 가슴손한다.
9	사랑	3		⑧의 상태에서 오른손을 가슴 앞에서 오른쪽에서 왼쪽으로 원을 그린다.
10	넘치기를	5		반원을 그리면서 오른팔을 위로 쫙 편다.
11	항상 주님만	4		오른손의 엄지손가락을 세우고 팔을 약간 구부려 가슴앞에 위치시킨다.
12	따라 살리	3		⑪과 동일한 방법으로 왼손도 한다.
13	라	5		⑫의 상태에서 양팔을 펴면서 위로 쭉 올린다.

* 주님만을 사랑하며 찬양하며 살겠다고 고백하는 찬양이다 아이들이 찬양을 하면서 마음속에 참 사랑이 넘쳐남을 경험하길 소망한다.

번호	가 사	박자	도 해	해 설
1	따사로운	3		오른쪽 위에서부터 양손 손가락을 움직이며 얼굴 앞으로 가져온다.(앞쪽에서 손바닥이 보이게)
2	아침 햇살에	5		양손을 얼굴 앞에 위치한채 계속 손가락을 움직인다.
3	눈을	1		②의 상태에서 손등이 보이도록 손을 뒤집는다.
4	뜨고	1½		손을 구부리면서 옆으로 펼친다.
5	일어나	5½		기지개를 키듯이 양팔을 펼친다.
6	주님 앞	1½		오른손바닥을 세우고 팔을 편채 앞으로 움직인다.
7	에	1½		⑥의 상태에서 ⑥과 동일한 방법으로 왼쪽에서 한다.
8	두손 모아	5		⑦의 상태에서 양손을 겹친다..
9	무릎꿇고	2		⑧의 상태에서 상체를 숙이며 겹친 양손을 무릎에 갖다 댄다.
10	기도할때	6		상체를 똑바로 피며 기도손을 한다.
11	오늘	1½		오른손 검지 손가락을 편다.
12	하루	2½		⑪의 상태에서 손을 폈다가 물건을 낚아 채듯이 주먹을 쥔다.
13	세상속에	4		문을 밀어 열 듯이 양손을 앞에서 옆으로 펼친다.
14	살아가는 지혜	3½		왼손의 검지 손가락을 세우고 곡선을 그리며 오른쪽으로 이동하다가 "혜"에서 검지 손가락을 오른손바닥에 갖다 댄다.
15	를	4½		양손 손바닥이 위로 향하게 양손을 나란히 붙여서 앞쪽으로 가지고 온다.
16	부드러운	4		양손바닥을 마주대고 입 앞에서 손가락을 움직인다.

번호	가 사	박자	도 해	해 설
17	음성으로	4		양손을 위로 올리며 양 옆으로 펼친다.
18	내게 말씀	2½		왼팔을 오른팔 있는 곳으로 옮기며 손가락들을 사용해 원모양을 만든다.
19	하시네	5½		양손가락을 사용해 만든 원모양을 오른쪽 귀에 갖다 댄다.
20	오 주	1½		오른손의 엄지 손가락을 세우며 앞으로 내민다.
21	님	1		오른손의 엄지와 검지로 원을 만들어 입 앞에 위치시킨다.
22	오주님 찬양과	5½		㉑의 상태로 있다가 "찬"할 때 손모양 그대로 돼지꼬리 모양을 그리며 위로 올린다.
23	감사를	2½		㉒의 상태에서 왼손의 손바닥이 위로 향하게 펼쳐 오른손 아래쪽에 위치시킨다.
24	드려요	5½		㉓의 상태에서 오른손을 펴서 왼손 밑으로 옮겨 왼손을 받쳐서 위로 올린다.
25	오 주님 오주님 찬양과	8		⑳-㉒와 동일하게 양손으로 한다.(단, "찬양과"는 양옆으로 올림)
26	감사를 드려요	8		㉕의 상태에서 양손 손바닥이 위로 향하게 손을 펴서 아래로 약간 내렸다가 위로 올린다.

* 전체적인 곡분위기도, 율동도 부드럽고 예쁜 곡이다. 아이들이 아침에 눈을 떠 하루의 전부를 주님께 맡기는 기도를 하며 찬양과 감사를 드릴 수 있는 예쁜 마음을 지닐 수 있도록 한다.

60 사랑의 노래를 드려요

작사 이형구
작곡 곽상엽

번호	가 사	박자	도 해	해 설
1	사랑의 노래	6		양손의 검지를 세우고 입 앞에서 하트 모양을 그린다.
2	를	1		양손을 구부려 입 앞에서 그릇 모양을 만든다.
3	드려요	5½		②의 상태로 위로 쭉 올린다.
4	하나님의	3½		②의 상태에서 양손바닥 밑을 댄채 90도 틀어서 왼손이 앞에 오른손이 뒤로 오게 한다.
5	크신 사랑	8		④의 상태로 손가락들을 움직이며 내려오다가 "랑"할 때 양팔을 벌려 십자가 모양을 만든다.
6	⟨	1		고개를 아래로 떨군다.
7	사랑의 노래를	7		양손을 서서히 가슴앞으로 모아 "를"할 때 가슴앞에서 그릇 모양을 만든다.
8	드려요	5½		⑦의 상태에서 양손을 그대로 위로 올린다.
9	하나님의	3½		⑧의 상태에서 양손의 엄지를 세우고 아래로 내린다.
10	크신 사	3		⑨의 상태에서 양손을 어깨 높이로 올린다.
11	랑	5		양팔을 옆으로 벌린다.
12	아름다운	4		양손 각각 엄지와 검지를 이용해 원을 만들어 ⑪의 상태에서 가슴앞쪽으로 양 손을 끌어 모은다. 이 때 손바닥은 아래를 향하고 양팔 "X"로 엇갈려 있다.
13	멜로디	3		⑫의 상태에서 손을 뒤집어 손바닥이 위로 향하게 하고 손가락들을 움직이며 옆으로 벌린다.
14	와	3		⑫와 동일한 방법으로 하되 약간 높은 위치에서 한다.
15	⟨	1		⑬과 동일한 방법으로 ⑭보다 약간 높은 위치에서 좁은 폭으로 한다(⑫-⑮의 전체적 모형:△).
16	내 맘의	4		가슴에 오른손을 얹었다가 다시 뗀다.

번호	가 사	박자	도 해	해 설
17	고	1		⑯의 상태에서 왼손바닥을 입 앞에 갖다 댄다.
18	백으로	7		⑰에서 "백"할 때 왼손을 떼어 오른손등에서 오른손바닥 쪽으로 왼손을 두바퀴 반 돌린 후 왼손엄지를 세우고 위로 올린다.
19	살아계신	4		⑱의 상태에서 오른손바닥을 왼손 밑에 갖다 댄다.
20	하나님을	3		⑲의 상태로 양손을 가슴앞으로 가져온다.
21	기쁨으로	3		양 손목 안쪽을 부딪친다.
22	찬양해요	4		㉑의 상태에서 양손을 위로 올렸다가 "해"에서 양손을 반짝이며 아래로 내린다.
23	사랑의 노래	3		팔로 원을 그린다.
24	드려요	6		손바닥이 위로 향하게 펴서 옆으로 나란히 붙여 위로 올린다.

* 고학년들의 아이들이 가사를 묵상하여 부를 수 있는 곡이다. 찬양만으로도, 율동만으로도 하나님의 사랑을 느낄 수 있는 찬양이다. "아름다운 멜로디"에서는 전체적인 모형이 삼각형이 되도록 하면 더욱 예쁜 율동이 된다.

번호	가 사	박자	도 해	해 설
1	성경속으로	4		성경 펴는 동작
2	여행을	2		①의 상태에서 그대로 오른손과 오른쪽 어깨를 앞으로 내민다.
3	떠나	1½		②의 상태에서 왼손과 왼쪽어깨를 앞으로 내민다.
4	요	2½		②와 동일
5	요	2		③과 동일
6	(여행을 떠나요)	4		②-⑤와 동일한 방법으로 하되 방향은 앞이 아닌 뒤로 한다.
7	예수님	2		오른손을 옆으로 내민다.
8	손잡고	2		왼손으로 옆사람이 내민 손을 잡는다.
9	여행을	2		옆사람과 손을 잡은 채 한쪽 손과 그 쪽 어깨를 앞으로 내민다.
10	떠나	1½		⑨와 동일한 방법으로 반대편 손과 어깨를 앞으로 내민다.
11	요	2½		⑨와 동일
12	요	2		⑩과 동일
13	(여행을 떠나요)	4		⑨-⑫와 동일하게 하되 방향은 뒤로 한다.
14	아름다운 이야기	3½		왼쪽 가슴 앞에서 오른손바닥이 위로 향하게 손을 펴서 오른쪽으로 팔을 펼친다.
15	들과	4½		⑭의 상태에서 오른쪽 가슴앞에서 왼손바닥이 위로 향하게 손을 펴서 왼쪽으로 팔을 펼친다.
16	신나는	2		오른손의 엄지와 검지를 이용해 원을 만들어 오른쪽 눈 앞에 위치시킨다.

번호	가 사	박자	도 해	해 설
17	이야기	1½		⑯의 상태에서 왼손도 오른손과 같이하여 왼쪽 눈앞에 위치시킨다.
18	들이	4½		⑰의 상태에서 양팔을 위에서 아래로 펼쳐 내린다.
19	가득	1½		오른손바닥이 아래로 향하게 펴서 머리 위쪽에 위치시킨 후 잠시 멈춘다.
20	가득	2½		⑲의 상태에서 ⑲와 같은 방법으로 왼손도 한다.
21	넘치는	3		⑳의 상태에서 양팔을 위에서 아래로 펼쳐준다.
22	성경속으로	5		성경 펴는 동작
23	여행을 떠나요	4		가사를 크게 외치며 손을 위로 들고 손과 머리를 흔들며 발을 구른다.
24	성경속으로-여행을 떠나요	32		①-⑫와 동일

★ 유치부에서 초등부까지 함께 부를 수 있는 신나는 찬양이다. 아이들이 재밌고 흥겹게 부를 수 있도록 인도하시는 선생님께서 흥겹게, 적극적으로 찬양하는 모습을 아이들에게 보여주자.

62 아아 이사랑

작사 이형구
작곡 김수지

아 아 이사 랑 주님의사랑   참 참 좋아요 주님의사랑
아 아 큰사 랑 십가가사랑   난 난 말해요 십자가사랑
아 아 내사 랑 예수님사랑   펑 펑 넘쳐요 예수님사랑

내 맘 속으로 들어오시니   참 참 좋아요 주님의사랑
내 맘 속에서 크게말해요   난 난 말해요 십자가사랑
내 맘 속에서 친구맘으로   펑 펑 넘쳐요 예수님사랑

번호	가 사	박자	도 해	해 설
1	아아	2		오른손바닥 손끝으로 입을 두 번 두들긴다.
2	이사랑	2		오른손으로 얼굴만하게 하트반쪽을 그린다.
3	주님의 사랑	4		가슴앞에서 기도손한다.
4	참	1		오른손바닥 손끝을 입에 갖다댄다.
5	참	1		④의 상태에서 왼손바닥 손끝도 입에 갖다댄다.
6	좋아요	2		⑤의 상태에서 ②보다 크게 양손으로 하트를 그린다.
7	주님의 사랑	4		가슴앞에서 기도손한다.
8	내 맘	2		오른손으로 가슴손한다.
9	속으로	2		왼손 가슴손한다.
10	들어오시니	4		⑨의 상태로 손을 높였다가 양손을 함께 지그재그 모양으로 아래로 내린다.
11	참 참	2		⑩의 상태로 양손을 겹쳐서 배를 두 번 두들긴다.
12	좋아요	2		양팔을 쫙 펴서 크게 하트를 그린다.
13	주님의 사랑	4		가슴앞에서 기도손한다.
14	아아 큰사랑	4		①-②와 동일
15	십자가	1½		오른손끝에서부터 팔꿈치까지를 가슴앞에서 일직선으로 세운다.
16	사랑	2½		⑮의 상태에서 왼손을 수평모양으로 만들어 갖고와 오른팔에 갖다 대 십자가를 만든다.

번호	가 사	박자	도 해	해 설
17	난난 말해요	4		④-⑥과 동일
18	십자가 사랑	4		⑮-⑯과 동일
19	내 맘속에서	4		⑧-⑨와 동일
20	크게 말해요	4		⑲의 상태로 양손을 지그재그로 흔들어서 위로 올린다.
21	난난	2		⑳의 상태로 양손을 겹쳐서 머리 위에서 머리를 두 번 두드린다.
22	말해요	2		⑫와 동일
23	십자가 사랑	4		⑮-⑯과 동일
24	아아 이사랑	4		①과 같이 한 후 팔을 아래로 펼쳐 내린다.
25	예수님 사랑	4		양손을 가슴손한다.
26	펑펑	2		㉕의 상태로 양손을 위로 살짝 올렸다 원위치한다.
27	넘쳐요 예수님 사랑	6		㉖의 상태로 양팔을 위에서 아래로 펼쳐 내려 다시 가슴손한다.
28	내 맘속에서	4		㉗의 상태에서 오른손으로 자기 가슴을 한 번 찍고 옆으로 내민다.
29	친구 맘으로	4		왼손도 ㉘과 같이한다.
30	펑펑	2		㉙의 상태에서 양손을 위로 튕기면서 앞쪽으로 약간 내린다.
31	넘쳐요 예수님 사랑	6		㉚의 상태에서 양팔과 어깨를 뒤로 돌려 내린 후 가슴손한다.

* 유치부 아이들이 좋아하는 곡이다. "아아", "참참", "난난", "펑펑" 부분은 찬양할 때도 율동할때도 톡톡 튀게주는 느낌으로 부르면서 해보자.

63 얼굴이 달라도

작사 이형구
작곡 곽상엽

얼굴이달 라도 이름이달 라도 예수님모시면 우리는한 가족
생각이달 라도 느낌이달 라도 예수님계시면 우리는한 가족

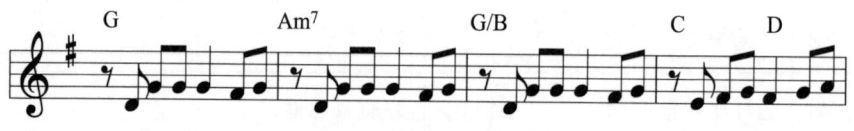

손에손잡 고서 마음을모 아서 사랑을나 누며 기쁨을주 면서
손에손잡 고서 마음을모 아서 슬픔을나 누며 소망을주 면서

함께살아 요 - 우린주의 - 한 가족이죠 -

함께살아 요 - 우리모두 - 하늘나라 갈 - 때 - 까지

번호	가 사	박자	도 해	해 설
1	얼굴이	2		양손바닥으로 동시에 얼굴을 가린다.
2	달라도	2		손을 그대로 둔채 오른쪽으로 살짝 얼굴을 내밀었다가 원위치한다.
3	이름이	2		양손을 옆으로 나란히 붙여 입 앞에서 주먹을 쥔다.
4	달라도	2		③의 상태에서 양손바닥을 폈다가 다시 주먹쥔다.
5	예수님	2		가슴앞에서 양손의 엄지를 세운다.
6	모시면	2		⑤의 상태로 양손을 그대로 앞으로 뻗었다가 다시 ⑤와 같이 한다.
7	우리는	2		오른손을 옆으로 내민다.
8	한가족	2		왼손을 옆으로 내밀며 옆사람 손을 잡는다.
9	손에 손잡고서	4		옆사람과 손을 잡은채 양손을 앞에서 뒤로 돌린다.
10	마음을 모아서	4		양손 주먹쥔채 가슴손한다.
11	사랑을 나누며	4		앞쪽에서 손바닥이 보이도록 손을 펴서 앞에서 옆으로 팔을 쫙 편다.
12	기쁨을	2		왼손 옆에서 무엇을 잡는 듯 양손으로 공 모양을 만든다.
13	주면서	2		⑫의 상태에서 오른쪽 위쪽으로 물건을 던지듯 팔을 뻗는다.
14	함께 살아요	6		⑬의 상태에서 양팔을 아래로 펼쳐내려 가슴앞에서 "X"로 교차시켜서 "요"할 때 자기를 껴안는다.
15	우린주	1½		⑭의 상태에서 오른손을 아래로 내린다.
16	의	1½		왼손도 아래로 내려 옆사람의 손을 잡는다.

번호	가 사	박자	도 해	해 설
17	한가족이죠	7		양팔을 엇갈려 옆사람과 손을 잡은 채 상체를 오른쪽, 왼쪽, 가운데로 움직인다.
18	함께 살아요	4		⑰의 상태에서 팔을 크게 돌려 ⑭와 같이 자기를 껴안는다.
19	우리 모	1½		⑱의 상태에서 손바닥을 세우고 오른팔을 옆으로 뻗는다.
20	두	2½		왼팔도 손바닥을 세우고 옆으로 뻗어 옆사람의 손바닥과 맞닿게 한다.
21	하늘	1		⑳에서 그대로 손바닥을 세우고 가슴앞에서 손바닥끼리 마주친다.
22	나라	1		양팔을 옆으로 뻗어 옆사람과 손바닥을 마주친다.
23	갈	1½		㉑-㉒를 반복하되 조금 높은 위치에서 한다.
24	때 까	2		㉑-㉒와 같이 하되 ㉓보다 높은 위치에서 한다.
25	지	8½		㉔의 상태에서 양손목을 한바퀴 돌리면서 검지손가락을 펴고 위를 가리킨다.
26	생각이	2		손을 펴서 손바닥이 앞에서 보이게 하여 머리 양옆 위쪽에 엄지 손가락을 갖다 댄다.
27	달라도	2		㉖의 상태에서 양손을 엇갈리게 앞뒤로 한 번씩 흔든다.
28	느낌이	2		양손끝이 앞으로 향하게 손을 펴서 엄지 손가락을 가슴에 댄다.
29	달라도	2		㉘의 상태에서 양손을 엇갈리게 위,아래로 흔든다.
30	예수님 계시면	4		⑤,⑥과 동일
31	슬픔을 나누며	4		⑩의 상태에서 양팔의 팔꿈치에서 손끝까지를 겹친 후 고개를 숙여 머리를 좌우로 흔든다.
32	소망을 주면서	4		양손을 손바닥이 위로 향하게 펴서 위로 올린다.

64 무지개빛 세상으로

작사 이형구
작곡 곽상엽

번호	가 사	박자	도 해	해 설
1	예수님은	2		오른손을 가슴손한다.
2	내 마음의 하얀	3		①의 상태에서 왼손도 가슴손한다.
3	도화지에	3		②의 상태에서 양손을 어깨 위치까지 벌린다.
4	아름다운 그림을 그리는	5		가슴앞에서 양손끝을 이용해 하트모양을 2번 그린다.
5	화가랍니다	3		오른손 엄지를 세우고, 왼손바닥으로 오른손을 받친채 위로 올린다.
6	빨강색으로	3		왼손은 손목을 뒤로 젖힌채 올리고 있고, 오른손 끝으로 왼손손목에 갖다 댄다.
7	예수님의	2		⑥의 상태에서 오른손을 오른쪽 위로 움직인다.
8	사랑하심을	4		⑦의 상태에서 오른손의 손바닥이 앞으로 보이게 세운채 위에서 아래로 똑바로 내려온다.
9	그리실때는	5		⑧의 상태에서 손모양 그대로 팔을 편채 왼쪽으로 옮긴다.
10	사랑의	4		오른손을 구부려서(하트 반쪽 모양)가슴앞에 위치한다.
11	붓으로	3½		왼손도 ⑧과 동일하게 해서 양손으로 하트모양을 만들어 가슴앞에 위치한다.
12	예쁘게	1½		⑨의 상태 그대로 있다.
13	예쁘게	1½		⑩의 상태에서 가슴쪽으로 끌어들였다가 앞으로 내민다.
14	그려주시네	7		⑪의 상태에서 오른쪽 방향으로 가로선을 긋고 "네"할 때 위에서 아래로 세로선을 그어 "†"선을 긋는다.
15	내 마음에	3		오른손으로 가슴손한다.
16	그려진	2		오른손으로 가슴앞에서 원을 그린다.

번호	가 사	박자	도 해	해 설
17	아름다운	2½		⑭의 상태에서 오른손을 곡선을 그리며 위로 올린다.
18	그림을	1½		⑮의 상태에서 주먹을 쥔다.
19	가지고	4		주먹 쥔 손을 가슴앞으로 끌어온다.
20	험한 세상	4		손등이 위로 향하게 손을 펴고 팔을 앞으로 펴서 옆으로 움직인다.
21	무지개빛	4		⑱의 상태에서 왼손 끝으로 오른손등을 찍은후 손가락들을 움직이며 왼쪽으로 반원을 그린다.
22	세상으	1½		오른손으로 옆사람 손을 잡는다.
23	로	1		왼손으로 옆사람 손을 잡는다.
24	만들며 살아요	5½		옆사람과 손을 잡은채 양팔을 위로 든다.
25	무지개빛 세상으로	10		㉒의 상태에서 상체를 오른쪽→가운데→왼쪽→가운데 순으로 숙이며 움직인다.
26	파랑색으로	3		왼손바닥이 위로 향하게 펴고 오른손바닥을 그 위에 덮는다.
27	예수님의	2		왼손은 그대로 둔채 오른손을 위로 올린다.
28	진실하심을	4		⑧과 동일
29	그리실 때는	5		⑨와 동일
30	말씀의	4		오른손 주먹쥐고 엄지손가락 있는 부분이 가슴쪽으로 향하게 한다.
31	붓으로	3½		왼손도 오른손과 같이 하여 오른손 옆에 붙여 가슴앞에 위치시킨다.
32	예쁘게 예쁘게	3		㉙의 손모양 그대로 ⑩,⑪과 동일한 방법으로 한다.

번호	가 사	박자	도 해	해 설
33	그려 주시네	7		⑫와 동일한 방법으로 그린다.
34	노란색으로	3		왼손은 주먹을 쥐고 어깨 높이로 하여 어깨 앞에 세우고 오른손바닥을 왼손 윗부분에 갖다 댄다.
35	예수님의	2		왼손은 그대로 둔채 오른손을 위로 올린다.
36	따스하심을	4		왼손을 그대로 둔채 오른손을 ⑧과 같이하여 아래로 내린다.
37	그리실 때는	5		⑨와 동일
38	말씀의	4		오른손을 쫙펴서 엄지손가락이 가슴쪽을 향하게 하여 가슴앞에 위치시킨다.
39	붓으로	3½		왼손도 오른손과 같이 한다.
40	예쁘게 예쁘게	3		㊴의 손모양 그대로 ⑩,⑪과 동일한 방법으로 한다.
41	그려주시네	7		⑫와 동일한 방법으로 그린다.

* 하나님께서는 아이들의 마음에 아름다운 그림을 그려 주셨다. 아이들이 그 그림들을 옆 친구들과 아름답게 완성해 가도록 격려해주자.

65 예수님 메리크리스마스

작사 이형구
작곡 곽상엽

아무런 죄도 없 고 - 아무런 흠도 없 는 - 예수

님 께 - 서 별들 반짝이는 캄캄한 밤 - 에 -

베들레헴 마굿간에 나 신 것 은 나를 사랑하기 때문이지 요

고마워요 예수 님 - 감사해요 예수 님 -

메리크리스마스 메리크리스마스 예수님 메리크리스마스

번호	가사	박자	도해	해설
1	아무런 죄도 없	6		고개를 숙인다.(고개를 숙인 상태에서 시작)
2	고	5		고개를 천천히 든다.
3	아무런	4		오른손을 얼굴 앞에 갖다 댄다.
4	흠도 없	3		왼손도 얼굴 앞에 갖다 댄다.
5	는	5		④의 상태에서 양손을 옆으로 벌린다.
6	예수님께서	6		오른손의 엄지를 세우고 앞으로 내민다.
7	별들 반짝이는	7		⑥의 상태에서 왼손가락들을 움직이며 오른손 주위를 한바퀴 돈다.
8	캄캄	3		오른손 주먹 쥐고 얼굴 앞에 갖다 댄다.
9	한 밤	3		왼손도 주먹 쥐고 얼굴 앞에 갖다 댄다.
10	에	6		⑨의 상태에서 그대로 고개를 오른쪽 옆으로 떨군다.
11	베들레헴 마굿간에	6		오른팔을 앞으로 뻗은 채 손목을 돌려 손바닥이 위로 향하게 한 채 편다.
12	나신 것은 나를	6		왼손등을 위에서 오른손바닥을 향해 직선으로 내려 양손바닥을 옆으로 나란히 붙인다.
13	사랑하기 때문이지요	12		손끝으로 하트를 그린 후 가슴손한다.
14	고마워요 예수님	12		⑬의 상태로 고개를 숙였다 든다.
15	감사해요 예수님	12		⑭의 손 모양 그대로 위로 올린다.
16	메리 크리스마스	6		손바닥을 위로 향하게 옆으로 펴서 옆사람에서 "메리 크리스마스"하며 인사한다.

번호	가 사	박자	도 해	해 설
17	메리 크리스마스	6		반대편도 ⑯과 같이 하여 인사한다.
18	(예수님) 메리 크리스마스			입가에 두손을 대고 "예수님 메리 크리스마스"하고 외친다.
19	예수님	3		두손을 겹쳐서 입 앞에 갖다 댄다.
20	메리 크리스	3		양손을 위로 올린다.
21	마스	6		⑳의 상태에서 양손을 반짝인다.

* 성탄절날 주님의 오심의 의미를 다시 한번 생각해보며 주님께 감사의 고백을 할 수 있도록 지도하자.

번호	가 사	박자	도 해	해 설
1	예수	2		오른손 엄지를 세우고 팔을 굽혀 옆으로 편다. 이때 상체도 함께 약간 기울인다.
2	님의	2		상체를 똑바로 하여 엄지로 자기 가슴을 찍는다.
3	제자	2		경례를 한다.
4	라면	2		오른손을 바로한다.
5	어떻게 살아야 할까	5½		양손으로 자기가 보기에 물음표의 윗부분을 그린다.
6	요	2½		옆사람을 보며 손뼉을 친다.(옆사람에서 물어보는 것)
7	예수님께서	4		①,②반복
8	가르쳐	2		오른손바닥을 입 앞에 갖다댄다.
9	주신대로	2		⑧의 상태에서 오른손바닥을 앞으로 내민다.
10	살아야 해요	7		⑨의 손바닥을 엄지를 세운 왼손으로 5번 두들기며 가슴 앞에서 한바퀴 돌린다.
11	전도하라 하셨	4½		얼굴 앞에서 양손 옆으로 나란히 붙여서 성경 펴는 동작을 한다.
12	으니	3½		⑪의 상태에서 고개를 오른쪽에서 왼쪽으로 돌린다.
13	전도하며	2½		입가에 양손을 갖다댄다.
14	살	2		허리손한다.
15	고	3½		손바닥이 위로 향하게 양손을 포개서 앞으로 내밀었다가 그대로 가슴앞으로 끌어당긴다.
16	기도하라 하셨으니	8		①-⑫와 동일

번호	가 사	박자	도 해	해 설
17	기도하	2		양팔을 옆으로 굽혀 펴서 "하"에 손바닥이 앞으로 보이게 한다.
18	며	1		⑰보다 조금 높은 위치에서 손을 뒤집어 손등이 보이게 한다.
19	살	1		⑱보다 조금 높은 위치에서 손바닥이 보이게 손을 뒤집는다.
20	아	½		⑲보다 높은 위치에서 손등이 보이게 손을 뒤집는다.
21	요	3½		머리 위에서 양손을 잡는다.
22	～	1		양손을 잡은채로 끌어내린다.
23	나는	2		양엄지로 어깨를 찍고 오른쪽 어깨를 으쓱인다.
24	나는	2		㉓의 상태에서 왼쪽 어깨를 으쓱인다.
25	주님의 제자	4		①,②와 동일
26	예수님처럼	4		①,②와 동일한 방법으로 하되 양손을 한다.
27	살아	1½		양손을 그대로 앞으로 내민다.
28	요	2½		㉗의 상태에서 양손의 새끼손가락을 펴서 서로 걸어준다.
29	예수님께서	4		양손의 새끼손가락을 건채로 ①,②와 같이 한다.
30	가르쳐 주신대로 살아가요	12		⑧-⑩과 동일
31	보여	2		오른손의 엄지와 검지를 붙여 원을 만들어 눈앞에 갖다댄다.
32	주신대로 살아야 해요	9		⑨,⑩과 동일

번호	가 사	박자	도 해	해 설
33	도와주며 사셨으니	8		⑪,⑫와 동일
34	도와주며	2½		어깨를 주무르는 동작을 한다.
35	살	2		허리손한다.
36	고	3½		㉞의 반대 방향으로 토닥이는 동작을 한다.
37	사랑하며 사셨으니	8		⑪,⑫와 동일
38	사랑하며 살아	3½		오른손바닥을 입 앞에 갖다 댔다가 떼어 옆사람과 손바닥을 마주친다.
39	요 ₹	4½		왼손도 오른손과 같이 한다.

* "예수님의 제자라면 어떻게 살아야 할까?"를 고민하는 아이들에게 예수님께서 보여주신대로, 가르쳐 주신대로 살아가라고 말해주는 곡이다. 아이들이 사랑하고, 전도하고, 도와주고, 기도하며 살아가서 멋진 주님의 제자로 변화되어가는 모습을 기대하며 불러보자.

67 외치라

작사 이형구
작곡 김수지

번호	가 사	박자	도 해	해 설
1	외치라	3		왼손 주먹 쥐고 입 앞에 고정시키고 오른손 주먹 쥐고 왼손 주먹을 2번 친다.
2	〈	1		①의 상태에서 왼손은 그대로 두고 오른손 바닥을 위로 펴서 하늘을 2번 친다.
3	외치라	4		①,②와 동일한 방법으로 방향만 바꾸어 한다.
4	구원의	2		오른손으로 앞에 있는 성경을 짚는다.(혹은 짚는 시늉을 한다.)
5	기쁜 소식을	6		④의 상태에서 손을 그대로 위로 올려 "을" 할 때 오른쪽에서 왼쪽으로 한바퀴 돌리고 내린다.
6	기쁜 소식	4		엄지를 세우고 오른손, 왼손 순으로 앞으로 내민다.
7	듣지 못해	4		⑥의 손을 그대로 오른손, 왼손 순으로 귀를 막는다.
8	지옥 가는 사람에	4		⑦의 상태로 고개를 좌우로 흔든다.
9	게	3		입가에 양손을 갖다 댄다.
10	〈	1		허리손한다.
11	해뜨	2		양손 끝에서 팔꿈치까지 겹치게 할 양팔과 숙인 고개의 이마를 닿게 한다.
12	는 곳	2		⑪의 상태에서 고개는 들고 팔은 내린다.
13	이쪽부터	4		⑫의 상태에서 오른쪽으로 고개를 돌렸다가 다시 정면을 바라본다.
14	해지는 곳 저쪽	3½		⑪,⑫와 동일
15	까지	4½		고개를 왼쪽으로 돌렸다가 다시 정면을 바라본다.
16	외치라-기쁜 소식을	16		①-⑤와 동일

번호	가 사	박자	도 해	해 설
17	예수의	2		오른손 엄지를 세우고 앞으로 내밀며 아래로 약간 내리친다.
18	좋은 이름을	6		⑰의 손을 그대로 위로 올려 "을"할 때 오른쪽에서 왼쪽으로 한바퀴 돌린 후 내린다.
19	주의 이름을	4		⑥과 동일
20	부를 때에	4		양손바닥을 오른손, 왼손 순으로 귀에 갖다 댄다.
21	구원 얻는	2		⑳의 상태로 고개를 오른쪽으로 숙였다 원위치 한다.
22	사람에	2		⑳의 상태로 고개를 왼쪽으로 숙였다가 원위치 한다.
23	게	4		⑨,⑩과 동일
24	주님	2		오른손 엄지를 세우고 앞으로 내민다.
25	께서	2		㉔의 상태로 왼손등을 오른손 밑에 갖다 댄다.
26	구름 타고	4		㉕의 상태로 아래에서 밑으로 살짝 눌러주고 위로 올려서도 살짝 눌러 준다.
27	다시 오는 그날까	4		㉖과 반대로 위에서 먼저 눌러주고 밑으로 내려와 눌러준다.
28	지	3		박수를 친다.
29	∼	1		허리손한다.
30	예수의 좋은 이름을	8		⑰,⑱과 동일

* 힘차고 신나는 곡이다. 아이들이 기쁜 소식과 좋은 소식을 전하고 다니게 되기를 기도한다.

68 욕심없는 마음으로

작사 이형구
작곡 차용운

번호	가 사	박자	도 해	해 설
1	욕심없	1½		갈고리로 물건을 긁어모으듯이 손을 가슴쪽으로 끌어당기며 주먹을 쥔다.
2	는	2½		손을 피면서 팔을 앞에서 옆으로 펼쳐 준다.
3	마음으로	4		②의 상태 그대로 팔을 굽힌다.
4	살겠다고	2		③의 상태 그대로 가슴을 2번 찍는다.
5	결심	2		오른손 주먹 쥐고 위에서 아래로 힘있게 당긴다.
6	했지만	4		손바닥을 펴서 왼쪽을 향하게 하고 고개는 오른쪽으로 돌려 손바닥 뒤로 얼굴을 숨긴다.
7	욕심없는 마음으로 살겠다고	10		①-④와 동일한 방법으로 하되 양손으로 한다.
8	기도	2		기도손한다.
9	했지만	4		손바닥이 앞에서 보이게 하여 양손바닥을 겹친 후 고개를 오른쪽으로 약간 돌려 손 뒤로 얼굴을 숨긴다.
10	오늘 하루도	4		오른손 검지를 세우고 오른쪽에서 왼쪽으로 한바퀴 돌린다.
11	욕심많	1½		양볼을 부풀리고 양손을 움크려서 볼에 갖다 댄다.
12	은	2½		⑪의 상태로 양손을 앞으로 내민다.
13	마음으로 살았으나	8		⑫상태 그대로 오른손, 왼손 순으로 배 앞에 갖다 대고 "나"할 때 양손으로 동시에 배를 3번 두들긴다.
14	이제	2		자기 앞의 책상(혹은 허벅지)을 친다.
15	부터	2		선서할 때의 손모양
16	주님가	1½		오른손바닥이 위로 향하게 하여 앞쪽에 위치시킨다.

번호	가사	박자	도해	해설
17	진	2		오른손옆에 나란히 왼손도 동일하게 펴서 위치시킨다.
18	그 마음으로 살거예	3½		⑰의 상태 그대로 새끼손가락쪽 손바닥의 옆면이 가슴을 향하게 하여 양손을 가슴쪽으로 모은다.
19	요 ≀	4½		⑱의 상태에서 고개를 한번 끄덕인다.
20	미움 없	1½		오른손가락을 구부려서 할퀴듯이 위에서 아래로 내리며 주먹쥔다.
21	는	2½		②와 동일
22	미움없는	4		⑳,㉑과 동일한 방법으로 하되 양손으로 한다.
23	미움 많	1½		양손을 할퀴는 듯한 손모양으로 해서 가슴 앞으로 모은다.
24	은	2½		⑫와 동일

* 멜로디가 간단하고 율동도 간단하여 유치부 아이들도 쉽게 배울 수 있는 곡이다.
 율동할 때 "욕심"과 "미움" 부분에서 가사를 잘 표현하는 표정을 지어보자.

69 펑펑펑 솟아나는

작사 이형구
작곡 차용운

펑 펑 펑 솟아나 는 - 기 쁨의 샘 물이 -
감 사
찬 양

날 마 다 나의생활 속에 - 차 고 도 넘 치 네 -

기 뻐 요 기 뻐 요 - 주 안에 서 - 기 뻐 요 -
감 사 해 감 사 해 - 감 사 해 -
찬 양 해 찬 양 해 - 찬 양 해 -

주님주시 는 기 쁨 으로 - 기 뻐 해 요
감 사 로 - 감 사
찬 양 으로 - 찬 양

번호	가 사	박자	도 해	해 설
1	♪	1		양손 주먹쥐고 팔을 굽혀 몸의 옆면에 밀착시키는 태권도의 기본동작을 한다.
2	펑펑펑	3		①의 상태에서 손을 위로 올리며 앞의 허공을 주먹으로 3번 친다.(한박자씩)
3	솟아나는	4		각각의 팔로 포물선을 그리며 아래에서 위로 펼쳐 내린다.
4	♪ 기	2		양팔을 손바닥은 편채로 교차시켜 양손바닥으로 웃는 입모양을 만들었다가 그대로 옆으로 벌린다.
5	쁨의	2		④와 동일
6	샘물이	4		손바닥이 아래로 향하게 가슴앞에서 손을 펴서 안에서 밖으로 각각 원을 그린다.
7	♪ 날마다	4		오른손가락의 검지만 펴고, 그 손가락으로 한박자에 하나씩 엄지부터 차례로 접히는 왼손가락들을 한번씩 눌러준다.
8	나의 생활속에	4		⑦의 상태에서 오른손을 피면서 팔을 펼쳐 내린다.
9	♪ 차고도	4		손바닥이 아래로 향하게 양손을 피고 한박자에 한번씩 손을 아래로 눌러주며 위로 4번 올린다.
10	넘치네	4		⑨의 상태로 위에서 구리구리하다가 "네"할 때 양옆으로 펼쳐 내린다.
11	♪	1		손뼉을 친다.
12	기뻐요	3		양손바닥을 옆으로 세워 한박자씩 끊어서 사선으로 옆으로 벌리다가 "요"에서 손을 뒤로 젖힌다.
13	기뻐요	4		⑪,⑫와 박자도 동일하게 한다.
14	주안에서	4		양손 엄지를 세우고 오른손, 왼손 순으로 앞으로 내민다.
15	기뻐	1¾		양손 주먹쥐고 볼 옆에 갖다댄 후 손을 피면서 앞에서 손바닥이 보이게 해서 볼 옆에 위치시킨다.
16	요	2¼		⑮와 동일

번호	가 사	박자	도 해	해 설
17	주님	2		오른손을 위로 올린다.
18	주시는	2		왼손도 올린다.
19	기쁨으로	4		오른쪽 위, 왼쪽 위, 오른쪽 아래, 왼쪽 아래 순으로 양손으로 조가비 손을 한다.
20	ξ	1		박수를 친다.
21	기뻐해	3		양손 검지를 세우고 웃는 입모양을 그리며 위로 올린다.
22	요	4		양손을 펴서 위에서 반짝인다.
23	감사의	4		양손을 모아 배위에 올려놓고 우, 좌로 한 번씩 인사한다.
24	감사해	4		쉼표에서 박수치고 손바닥이 위로 향하게 펴서 옆으로 한박자씩 끊어서 벌리다가 "해"에서 양손바닥을 동시에 위로 올린다.
25	감사해	4		㉔와 동일
26	감사로	4		⑲와 동일
27	ξ	1		박수를 친다.
28	감사해	3		손바닥이 위로 향하게 펴서 ㉑과 동일한 곡선으로 위로 올린다.
29	요	4		양손을 위에서 반짝인다.
30	찬양의	4		양손의 네손가락과 엄지를 벌려 맞대어 입 앞에 대고 오른쪽으로 얼굴을 내밀었다가 다시 원위치하고 왼쪽으로 살짝 내밀었다가 원위치한다.
31	ξ	1		손뼉을 친다.
32	찬양해	3		조가비 손을 3번 하면서 사선모양으로 옆으로 벌린다.

번호	가 사	박자	도 해	해 설
33	찬양해	4		㉛,㉜와 동일한 박자, 방법으로 조가비손을 하며 사선으로 옆으로 벌린다.
34	찬양해	4		㉚과 동일
35	주님 주시는 찬양으로	8		⑰-⑲와 동일
36	〻	1		손뼉을 친다.
37	찬양해	3		입 앞에서 양손을 반짝이며 위로 올린다.
38	요	4		㊲의 상태로 위에서 손을 계속 반짝인다.

* 찬양을 부르고, 율동을 하면 절로 기쁨과 감사와 찬양이 솟아나는 곡이다.
　마음에서 솟아나는 기쁨과 감사와 찬양을 온 몸으로 느끼며 표현하여 찬양하자.

70 하나님께선

작사 이형구
작곡 곽상엽

꼭 들어주 - 시죠
다 알고계 - 시죠

예쁜 맘 으로 눈을 꼭 감 고
슬픈 맘 땜에 눈물 흘 리 며

기 도 할 때 면 - 나 의
울 고 있 을 땐 -

하 나 님 나의 기 - 도 를
두 - 손 을

꼭 들어주 - 시죠 -
꼭 잡아주 - 시네

번호	가 사	박자	도 해	해 설
1	하나님께선	5		오른팔을 왼쪽으로 돌리면서 위로 올린다.
2	나의 기도	4		손가락을 구부려서 "U"모양으로 만들어 가슴에서부터 일직선으로 입앞까지 올린 후 "도"할 때 입 앞에서 잠깐 멈춘다.
3	를	3		②의 손모양 그대로 곡선을 그리며 앞으로 내민다.
4	꼭 들어	3		오른손 주먹을 꽉 쥔다.
5	주시	3		한박자에 한번씩 손을 오므렸다 피면서 위로 올린다.
6	죠	6		손을 약간 구부려서 손가락들을 움직인다.
7	예쁜 맘	3		오른손을 오목하게 구부려서 가슴 앞에 위치시킨다.
8	으로 눈을	3		왼손도 오른손과 같이하여 가슴앞에 위치시킨다.
9	꼭 감고	6		⑧의 상태에서 양손을 깍지끼고 기도손한다.
10	기도할때면	11		양손을 깍지 낀 채로 가슴 앞에서 2바퀴 반 돌리고 위로 올린다.
11	나의 하나님	6		양팔을 옆으로 벌린다.
12	나의 기도를 꼭 들어	16		②-④와 동일하게 양손을 겹쳐서 한다.
13	주시죠	9		⑤,⑥과 동일한 방법으로 양손을 같이 한다.
14	나의	1		오른손바닥을 자기 심장 부위에 갖다 댄다.
15	마음을	6		⑭의 상태에서 손바닥이 앞에서 보이게 하여 몸옆에 수직으로 세운다.
16	다 알고	3		⑮의 상태에서 주먹을 쥔다.

번호	가 사	박자	도 해	해 설
17	계시죠♩	9		⑯의 상태에서 손을 펴서 안에서 바깥으로 한바퀴 반 돌린 후 위로 올린다.
18	슬픈 맘으로	5		앞에서 손등이 보이고 손가락끝이 가슴을 향하도록 양손가락을 구부려서 가슴 앞에서 안에서 바깥으로 두바퀴 돌린다.
19	눈물 흘리며	7		양손바닥을 얼굴 앞에서부터 아래로 내린다.
20	울고	3		양손바닥을 얼굴에 갖다 댄다.
21	있을	3		양손가락끝을 구부린다.
22	땐♩	5		양손바닥이 위로 향하게 펴서 양옆으로 펼치고 시선은 위로 향한다.
23	나의 하나님	6		㉒의 상태에서 양손을 위로 올린다.
24	나의 두손을	7		㉓의 상태에서 양손을 가운데로 모은다.
25	꼭 잡아	3		왼손은 주먹쥐고 오른손으로 왼손을 감싼다.
26	주시네	9		㉕의 상태로 아래로 내려 가슴 앞에 위치시킨다.
27	나의 찬양을	7		②,③과 동일하게 손가락들을 움직이며 가슴에서 입앞으로 움직인다.
28	다 듣고	3		㉗의 상태에서 주먹을 꼭 쥔다.
29	계시죠	9		㉘의 상태에서 손을 펴고 돼지꼬리 모양으로 손을 돌리며 위로 올린다.
30	기쁜 맘으로	5		손바닥이 앞에서 보이게 손바닥을 펴고 가슴중앙에서 양 옆으로 벌린다.
31	환한 얼굴로	7		㉚의 상태에서 팔을 안쪽으로 굽혔다가 얼굴 앞에서 양옆으로 편다.
32	찬양할 때	6		손가락들을 움직이며 가슴앞에서 입앞으로 손을 움직인다.

번호	가 사	박자	도 해	해 설
33	면≳	5		손가락들을 움직이며 양옆으로 벌린다.
34	나의 하나님	6		양손을 위로 올린다.
35	나의 찬양을	7		손가락을 움직이며 가슴에서 입 앞으로 손을 움직인다.
36	꼭 듣고	3		㉟의 상태로 양손을 겹쳐서 두손을 꼭 쥔다.
37	계시죠	9		양손을 펴서 돼지꼬리 모양으로 해서 올린다.

* 우리 기도를 들어주시고 우리 두손을 잡아 주시는 주님을 아이들이 이 찬양을 통해, 율동을 통해 느끼고 고백할 수 있도록 또는 묵상할 수 있도록 불러보자.

71 하늘 별님, 하늘 달님

작사 이형구
작곡 곽상엽

번호	가사	박자	도해	해설
1	하늘별	1½		오른손을 피고 팔을 위로 뻗어 허공을 한 번 찍는다.
2	님도	2½		손가락들을 움직이며 아래로 내린다.
3	하늘 달님도	4		왼손을 안쪽에서 바깥쪽으로 크게 돌리고 허리손한다.
4	아기 예수	4		손바닥이 가슴 쪽을 향하게 해서 가슴위치에 오른손을 가져오고 왼손도 똑같이 한다.
5	경배해	4		양손을 아래에서 위로 펼쳐 올린후 반짝인다.
6	동방박사	4		팔을 한바퀴 돌려 오른쪽 옆에 손바닥이 아래로 향하게 편다.
7	세사람	4		⑥의 상태에서 엄지부터 차례로 손가락 3개를 펴서 손가락들을 움직이며 왼쪽 어깨 앞으로 움직인다.
8	귀한 예물	2½		오른손바닥을 왼쪽 가슴에 갔다댔다가 오른쪽으로 펼친다.
9	드리고	1½		⑧의 상태에서 왼손도 ⑧과 같이 한다.
10	천사들도 다나와	9		⑨의 상태에서 손바닥이 아래로 향하게 손을 뒤집어 날개짓하는 것처럼 팔을 위로 올렸다가 오른팔을 앞쪽으로 내밀며 내린다.
11	춤추며 아기예수 경배해	8		손바닥이 위로 향하게 뒤집어 양팔을 왼쪽 뒤로 빼서 크게 돌려 오른쪽 앞으로 내리며 고개를 숙인다.
12	임마누엘로 오신 주	8		⑪의 상태에서 고개를 들며 양손을 가슴 쪽으로 당겨 가슴손한다.
13	춤추며 찬양해	8		⑫의 상태에서 손을 가슴에서 떼고 안쪽 손목으로 바깥 손목을 감싸는 동작을 세 번해서 위로 올린 후 양팔을 옆으로 펼쳐 내린다.

* 아이들이 이 찬양을 부르면서 예수님이 탄생하신 밤을 상상할 수 있도록 해보자.

72 새 하늘과 새땅

작사, 곡 송 세라

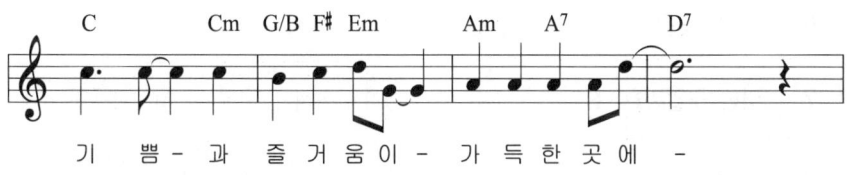

번호	가 사	박자	도 해	해 설
1	우리에게	4		오른손을 가슴손 했다가 새끼손가락만 펼치며 옆으로 내민다.
2	약속하신	4		왼손도 오른손과 같이 한다.
3	하나님께	4		옆사람과 새끼손가락을 걸고 위, 아래로 3번 흔든다.
4	서〜	4		양손을 피며 위로 올린다.
5	기다리고	4		④의 상태에서 오른손을 돌려내려 오른손바닥을 얼굴 아래에 위치시킨다.
6	계신 곳은	4		왼손도 오른손과 같이 한다.
7	어떤 곳일까〜	8		⑥의 상태로 고개를 오른쪽으로 한번 내밀었다가 제자리, 왼쪽으로 내밀었다가 제자리 한다.
8	수정	2		양손 주먹 쥐고 양손목을 꺾어 아래로 향하게 하고 팔을 "X"자형으로 엇갈리게 해서 아래로 내린다.
9	같이	2		아래로 꺾인 손목을 틀어 각손의 엄지와 검지로 원을 만든다.
10	맑고	2¾		⑨의 상태에서 양손바닥이 위로 향하게 손을 펴서 가슴 높이에서 작은 원을 만든다.
11	빛나는 나	5¼		손바닥이 위로 향하게 하여 손을 약간 오므리고 앞에서 손가락을 튕겨서 완전히 펴주고, 그대로 오른쪽으로 옮겨 튕겨서 펴준다.
12	라〜	4		⑪과 동일하게 앞에서 한번 튕겨 펴주고, 왼쪽으로 옮겨 튕겨 펴준다.
13	영원히 살	4		오른손을 펴고 안쪽으로 돌려 팔을 어깨 높이로 올린다.
14	수 있는 곳	4		⑬의 상태로 안쪽으로 팔을 돌려 완전히 위로 올린다.
15	아름다운	4		⑭의 상태로 오른손을 반짝이며 위에서 한바퀴 돌린다.
16	곳〜	4		오른손 검지를 세우고 위쪽을 2번 찍는다.

번호	가 사	박자	도 해	해 설
17	눈물 고통	4		손바닥을 오른손, 왼손순으로 차례로 얼굴에 갖다 댄다.
18	슬픔$	4		⑰의 상태에서 오른손, 왼손순으로 한 손씩 차례로 주먹 쥐고 가슴 앞에 갖다 댄다.
19	사라지	3½		⑱의 상태에서 오른손을 펴면서 몸뒤로 숨긴다.
20	고 $	4½		왼손도 오른손과 같이 한다.
21	기쁨과	4		⑳의 상태에서 손바닥이 위로 향하게 해서 팔을 양옆으로 폈다가 허리손한다.
22	즐거	2		팔을 양옆으로 뻗어 벌린다.
23	움이	2		양손을 가슴 앞에서 잡는다.
24	가득한 곳에$	8		㉓의 상태로 팔을 좌, 우로 흔들며 위로 올리다가 "에"할 때 양팔을 펼쳐 내린다.
25	하나님 말	4		오른손바닥이 위로 향하게 펴서 옆을 한번 찍고 앞으로 내민다.
26	씀 대로	2¾		왼손도 오른손과 같이하여 양손을 옆으로 나란히 붙인다.
27	순종하고	4		㉖의 상태로 오른손바닥을 입 앞에 갖다 댔다가 원위치 한다.
28	살면 $	5¼		㉗의 상태로 왼손을 가슴손 했다가 원위치 한다.
29	새하늘과	4		㉘의 상태 그대로 오른손을 위로 돌려 손바닥이 아래로 향하게 하여 옆으로 펼친다.
30	새땅에$	4		왼손을 아래로 하여 손바닥이 위로 향하게 옆으로 편다.
31	갈 수 있어요$	8		㉚의 상태로 끊어서 위로 올린다.

* "새 하늘과" 율동을 할 때에는 손바닥이 위로 향하고 "새땅에"는 손바닥이 밑으로 향하는 것을 유의하자.

73 빛이 되어요

작사, 곡 송 세라

반짝반짝비추는 별처럼   어두운곳다니며 빛이 되어요

길을몰라헤매는 친구들에게   아름답게비추는 빛이 되어요

사랑의빛 나눔의빛 -   기쁨의빛 섬김의빛 -

빛을따라 함께가요 -   예수님의빛을따라 -

번호	가 사	박자	도 해	해 설
1	반짝 반짝	2		오른손을 손바닥이 앞으로 향하게 해서 약간 오므리고 있다가 손가락을 튕기듯이 해서 2번 편다.
2	비추는	2		①과 같이 양손을 같이 한다.
3	별처럼	4		양손 주먹 쥐고 손목이 안으로 향하게 하여 양팔을 "X"자로 엇갈리고 있다가 손을 피는 동작을 2번 한다.
4	어두운 곳	2		오른손을 굽혀서 눈썹 윗부분에 갖다 댄다.
5	다니며	2		왼손도 오른손과 같이 한다.
6	빛이 되어요	4		③과 동일
7	길을 몰라	2		오른손 검지를 세우고 머리옆부분에 갖다 댄다.
8	헤매는	2		오른손 주먹 쥐고 자기 가슴을 2번 두들긴다.
9	친구들에게	4		오른손바닥이 위로 향하게 펴서 앞에서 옆으로 쭉 펼친다.
10	아름답게 비추는	4		왼손을 펴서 세우고 오른손을 돌리면서 왼손바닥 있는 곳으로 움직인다.
11	빛이 되어요	4		오른손으로 왼손바닥을 스쳐 앞에서 옆으로 펼친다.
12	사랑의 빛	4		양손 검지를 세우고 하트를 그린다.
13	나눔의 빛	4		손바닥이 위로 향하게 펴서 양손을 옆으로 펼쳐준다.
14	기쁨의 빛	4		앞에서 손바닥이 보이게 양손을 펴서 양손을 위로 올리며 안으로 모았다가 바깥으로 펴고, 안으로 모았다 바깥으로 편다.
15	섬김의 빛	4		⑭의 상태에서 양손을 튕겨서 아래로 내린다.
16	빛을 따라	4		오른손을 4번 튕겨서 펼치면서 왼쪽 밑에서 오른쪽 위로 사선으로 올린다.

번호	가 사	박자	도 해	해 설
17	함께 가요	3		⑯의 상태로 손바닥이 아래로 향하게 왼손을 펴서 3번 끊어서 오른손 있는 곳으로 간다.
18	〉	1		손뼉을 친다.
19	예수님의 빛을 따	3¾		⑱의 상태로 양손 엄지를 세우고 2번 찍는다.
20	라	4¼		⑲의 상태에서 아래로 돌려 가운데 윗부분으로 양손을 이동시킨다.

* 진정한 빛이 되는 것에 대해서 아이들에게 잘 설명을 해주도록 하자. 율동의 "빛을 따라 함께 가요"에서는 참 빛이신 예수님을 따라가는 것을 의미하고, 마지막 쉼표의 박수는 예수님과 만남을 의미한다.

74 오늘 예수님이

작사 양승헌
작곡 송세라

오 늘 예 수 님 이　　　다 시 오 신 다 면
만 일 예 수 님 이　　　내 마음을 보 신 다 면

흰 구 름 사 이 로　　　예수님이 오신 다 면
아 무 도 모 르 는　　　내 마음을 보신 다 면

예 수 님 날 보 시 며 기 뻐 할 거 야　온 전
　　　　　　　　　　　　　　　　　　깨 끗

한 마 음 으 로　주 님 순 종 하 는 날
한 마 음 으 로　주 님 사 랑 하 는 날

번호	가 사	박자	도 해	해 설
1	오늘 예수님이	8		팔을 양옆으로 벌려 한번 찍고 위로 올린다.
2	다시 오신다	4		①의 상태로 한 손의 엄지를 세우고 다른 손의 손등에 올려 아래로 내린다.
3	면	4		기도손한다.
4	흰구름	3		양손을 구름같이 2번 구부리며 안쪽으로 모은다.
5	사이로	5		손바닥이 앞에서 보이게 펴서 양옆으로 벌린다.
6	예수님이 오신다면	8		⑤의 상태에서 한 손의 엄지를 펴고 다른 손의 손등에 대고 양손을 가슴에 댄다.
7	예수님	4		오른손바닥을 눈 윗부분에 갖다 댄다.
8	날 보시며	4		⑦의 상태로 한곳을 응시하듯 팔과 고개를 앞으로 비스듬히 쭉 내린다.
9	기뻐할거	4		손바닥이 앞에서 보이게 양손을 펴서 얼굴 앞에서 양옆으로 조그많게 폈다가 다시 가운데로 모은다.
10	야	3		⑨의 상태에서 양팔을 펼쳐 아래로 내린다.
11	온전한	2½		양팔을 위로 올려 원모양을 만든다.
12	마음으로	4½		양손바닥을 옆으로 나란히 붙여 내린다.
13	주님 순종하는	5		⑫의 상태로 인사한다.
14	날	4		가슴손한다.
15	만일 예수님	4		양팔을 옆으로 벌려 팔과 어깨를 으쓱인다.
16	이	4		한 손은 엄지를 세우고 다른 손의 손등에 올려놓는다.

번호	가 사	박자	도 해	해 설
17	내 마음을 보신다	4		⑯의 상태에서 가슴손한다.
18	면	4		양손을 손바닥이 앞에서 보이게 펼쳐서 양 옆으로 붙여 위로 올린다.
19	아무도	3		오른손 검지를 세우고 이마 옆에 갖다 댄다.
20	모르는	4		⑲의 상태로 고개를 흔든다.
21	내 마음을	2		오른손을 가슴손한다.
22	보신다	2		왼손도 가슴손한다.
23	면	4		⑱과 동일
24	깨끗한	2½		손바닥이 앞에서 보이게 손을 펴서 양손을 가운데로 모은다.
25	마음으로	4½		㉔의 상태로 양손을 가슴으로 끌어온다.
26	주님 사랑하는	5		㉕의 상태에서 손바닥으로 하트를 그린다.
27	날	4		가슴손한다.

* 이 곡은 헌신을 다짐하는 곡으로서 우리 아이들에게 자신의 것을 드려 하나님을 기쁘게 할 수 있도록 하는 곡이다.

75 예수님은 나의

작사 양승헌
작곡 김주애

번호	가 사	박자	도 해	해 설
1	예수님은 나의	5½		오른손을 안쪽으로 돌려서 "은"에서 위로 올린다.
2	친구	2		오른손을 입가에 갖다 댄다. (손끝이 위로 올라가게 해서 엄지와 검지사이에 입이 오도록).
3	﹥	½		허리손한다.
4	예수님은 나의	5½		왼손도 ①과 같이 한다.
5	좋은 친구	4		왼손, 오른손 순으로 ②와 같이 하여 차례로 입 앞에서 갖다 댄다.
6	난	2		⑤의 상태로 오른손을 가슴손한다.
7	예수님을	2		왼손도 가슴손한다.
8	사랑해	4		양팔로 자기를 껴안는다.
9	난	2		⑧의 상태로 오른손바닥 끝을 입 앞에 갖다 댄다.
10	예수님을	2		왼손도 오른손과 같이 한다.
11	사랑	1½		⑩의 상태로 손바닥에 뽀뽀를 한다.
12	해	1		양손을 위로 올린다.

* ○○표에는 아이들이 예수님을 부르는 호칭을 넣어도 된다.
  유치부 아이들이 좋아하는 곡이다.

76 달빛과 별빛을

작사 이형구
작곡 곽상엽

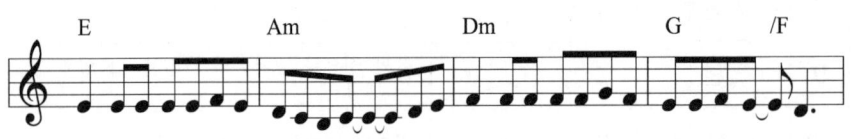

번호	가사	박자	도해	해설
1	조용한 밤	4		양손 검지를 세우고 양옆에서 입술 가운데로 양손을 모은다.
2	하늘에	4		오른손을 위로 올린다.
3	창가에	2		②의 상태로 손바닥이 오른쪽으로 향하게 왼손을 펴서 옆으로 세운다.
4	비치는	6		③의 상태로 오른손가락들을 움직이며 왼손바닥에 갖다 댄다.
5	아름다운	4		왼손의 엄지와 검지를 붙여 원을 만들면서 왼팔을 안쪽으로 돌려 위로 올린다.
6	달빛에	3		⑤의 상태로 손목을 안쪽으로 돌리면서 손가락을 붙여 만든 원이 위에 있게 한다.
7	주의 능력	3		⑥의 상태로 오른손의 엄지를 세우고 앞으로 내민다.
8	을 담아	5		오른손의 엄지를 왼손의 손가락으로 만든 원안에 넣는다.
9	믿음의 멜로디를 부어	5		위에서 양손을 잡고 "멜로디-"를 할 때 양손을 가슴 높이까지 내린다.
10	노래하면 온세상	4		입 앞에서 손가락들을 움직이며 약 15° 정도 오른쪽으로 틀어서 앞으로 내민다.
11	희망의	2		오른손을 안쪽으로 약간 끌어당긴다.
12	웃음소리	2		⑪의 상태로 왼손가락들을 움직이며 오른손바닥에 갖다 댄다.
13	넘치고 넘쳐	4		양손을 안쪽에서 바깥쪽으로 돌려 양손바닥을 옆으로 나란히 붙여 앞으로 펼친다.
14	주께서 원하시는	6		⑬의 상태 그대로 위로 올린다.
15	주의 나라	4		양손의 손가락을 구부려 손 모양을 "ㄷ"모양으로 만들어 양옆으로 벌린다.
16	오리니	4		양손바닥을 펴서 아래로 내린다.

번호	가 사	박자	도 해	해 설
17	오늘도	4		손바닥이 몸쪽을 향하게 오른손을 (안쪽으로) 양손을 겹쳤다가 오른손을 달력 넘기듯이 안쪽에서 바깥으로 돌린 후 손바닥이 위로 향하게 한손씩 앞으로 내민다.
18	내일도	4		⑰의 상태에서 왼손도 그렇게 한다.
19	주의	2		양손을 구부려 붙여서 하트모양을 만든다.
20	사랑	4		⑲의 손을 그대로 가슴에 갖다 댄다.
21	노래하리라〜	12		양손의 손가락들을 움직이며 입 앞에서 양 옆으로 펼친다.

* 조용한 밤에 창가에 비치는 달빛과 별빛처럼 부드럽고 아름다운 곡이다. 별빛과 달빛처럼, 이곡의 멜로디처럼 아이들의 마음에서 주님에 대한 사랑이 고요히 울려퍼지기를 소망한다.

77 주님의 음성

작사, 곡 4M4Kids Music

번호	가 사	박자	도 해	해 설
1	나는	3		오른손을 가슴손한다.
2	조용히	3		왼손 끝으로 왼쪽 귀를 막는다.
3	귀 기울여요	6		②의 상태로 오른쪽 위를 쳐다보면서 오른손을 귀에 댄다.
4	주님의	3		오른손을 위로 든다.
5	음성에	3		오른손을 가슴손한다.
6	귀기울여요	6		왼손도 가슴손한다.
7	사랑의	3		오른손을 구부려 하트반쪽을 만들어 입앞에 갖다 댄다.
8	목소리	3		왼손도 오른손과 같이 하여 입 앞에 갖다 댄다.
9	들려주세요	6		양손을 귀에 갖다 댄다.
10	희망의	3		손바닥이 앞에서 보이게 손을 펴서 가슴 앞에서 조그맣게 원을 그린다.
11	목소리	3		양팔을 양옆으로 펼쳐준다.
12	들려주세요	6		기도손한다.

* 이곡은 느리고 조용하기 때문에 부드럽게 부르되 지루하게 느끼지 않도록 해야 한다. 이곡을 부르면서 아이들이 주님의 음성에 귀기울이는 법을 배우도록 해보자.

78 보슬보슬

작사 선준호
작곡 송세라

번호	가 사	박자	도 해	해 설
1	보슬	1		못갖춘마디로 율동 없음
2	보	1		오른손의 엄지와 검지를 붙여 원을 만들어 오른쪽 위쪽에 위치시킨다.
3	슬	2		왼손도 오른손과 같이 하여 왼쪽 윗부분에 위치시킨다.
4	눈이 내려	3		③의 상태에서 손등이 보이게 손을 돌려 엄지와 검지를 제외한 세 손가락들을 움직이며 손을 양옆으로 벌린다.
5	요	6		손을 다시 뒤집어서 세 손가락의 손끝이 위로 향하게 하여 손가락들을 움직이며 아래로 내린다.
6	예수님	4		손바닥이 앞에서 보이게 손을 펴서 손바닥으로 하트를 그린다.
7	사랑처	3		양손바닥을 옆으로 나란히 붙여 위로 올린다.
8	럼	6		⑦의 상태에서 손가락들을 움직이며 아래로 내린다.
9	온 세상을	4		손을 펴고 앞에서 옆으로 팔을 펼친다.
10	하얗게	3		⑨의 상태에서 앞에서 손바닥이 보이게 왼손목을 세우고 옆으로 펼친 오른손바닥을 찍고 왼팔을 위에서 옆으로 펼친다.
11	덮어요	6		⑩의 상태에서 양팔을 그대로 앞쪽으로 해서 양손 끝에서부터 팔꿈치까지가 닿게 한다.
12	하나님	2		⑪의 상태로 양팔을 "X"로 엇갈리게 하고 양손 엄지를 세운다.
13	사랑처럼	12		⑫의 상태로 양손을 가슴 쪽으로 끌어당겨 가슴에 댔다가 "럼"할 때 자기를 끌어안는다.

* 눈을 감고 눈이 덮힌 흰 풍경들을 생각해보자. 눈으로 덮혀서 온 세상이 하얗게 보이듯이 우리의 죄를 자신의 피로 하얗게 씻어주신 하나님의 사랑을 느껴보자.

79 아기 예수

작사, 곡 송 세 라

아 기 예 수 께 서 이 땅에 오 셨 도 다 우

리 를 위 해 왕좌와 왕관을 버 리 고 짚

과 건초뿐 인 구 유에 누 셨 도 다 순 결

하 고 - 아름다운자리 에 - 별 은

번호	가 사	박자	도 해	해 설
1	아기예수께서	5½		오른손바닥이 밑으로 향하게 손을 펴서 아기를 두들기듯 2번 두들긴다.
2	이 땅에 오셨도다	5½		왼손 엄지를 세우고 위에서부터 오른손등 위로 똑바로 내린다.
3	우리를 위해	5½		②의 상태로 오른쪽에서 왼쪽으로 한바퀴 돌린다.
4	왕좌와 왕관을	3½		머리 위에 있는 왕관을 만지듯이 양손 끝이 위로 향하게 하여 머리 양옆에 갖다 댄다.
5	버리고	3		④의 손 모양 그대로 왕관을 내려놓듯이 손을 아래로 내린다.
6	짚과	2½		손바닥이 위로 향하게 하여 손을 펴서 앞쪽에 위치시킨다.
7	건초뿐인	3		왼손도 오른손같이 하여 위쪽에서 손가락이 보이게 하여 양손을 깍지 낀다.
8	구유에 누셨도다	6½		양손을 깍지 낀 채로 우, 좌로 한번씩 흔들어 준다.
9	순결하고 아름다운 자리	7		양손의 깍지를 풀어 옆으로 펼쳐 원을 그린 후 양손을 옆으로 나란히 붙인다.
10	에	4		양손을 옆으로 나란히 붙인 상태로 위로 올린다.
11	별을 하늘 높이서	7		양손의 손가락들을 움직이며 양옆으로 벌린다.
12	밝게 비추고	5		오른손은 원래 위치에서 손가락을 움직이고 있고 왼손의 손가락들을 오른쪽으로 움직여 와서 양손을 겹친다.
13	말들은	4		양손을 옆으로 펼쳐 내려 뒷짐을 지고 상체는 앞으로 숙인다.
14	아기 예수 옆에서	8		⑬의 상태로 상체를 오른쪽, 왼쪽, 가운데로 흔든다.
15	그 밤을	4		손바닥이 얼굴 쪽을 향하게 손을 펴서 얼굴 오른쪽에서 왼쪽으로 이동시킨다.
16	지켰도다	8		⑮의 상태에서 앞에서 손바닥이 보이게 손을 뒤집어서 오른쪽 옆으로 팔을 펼친다.

번호	가 사	박자	도 해	해 설
17	그 밤을 지켰도	7		⑯의 상태로 왼팔을 오른팔 있는 곳에서부터 왼쪽으로 펼친다.
18	다	5		양팔을 같이 내린다.

* 뮤지컬 곡으로 만들어진 찬양이다. 크리스마스 발표때나 어린이 성가대 곡 또는 독창으로도 좋은 찬양이다. 예수님을 밤새껏 지켜보았을 말들의 모습을 상상하면서 율동을 해보자.

번호	가 사	박자	도 해	해 설
1	우리가	1¼		앞사람과 마주보고 허리 손하고 있는다.(율동 없음)
2	이곳에 모여서	4		허리손 한 채로 오른쪽으로 인사한다.
3	함께 살아	4		왼쪽으로 인사한다.
4	가는	4		오른쪽 어깨를 앞으로 내밀고 양팔을 옆으로 벌려서 바깥으로 손을 2번 흔들고 허리손한다.
5	것은	2¾		왼쪽 어깨를 내밀고 ④과 같이 한다.
6	푸르고 푸르른 주의	5¼		마주보고 있는 사람과 같은 쪽 손을 안으로 돌려 "주의"할 때 마주친다.
7	나라를 만들기	4		⑥의 상태로 다른손도 그렇게 한다.
8	위함	4		양손을 마주댄채 안에서 바깥으로 한바퀴 돌린다.
9	이라	3		마주댄 양손으로 서로 상대편을 밀어 떨어뜨린다.
10	서로 돕고	3		마주한 사람과 같은 쪽 손을 앞으로 내민다.
11	서로	2		다른 손도 앞으로 내밀어 상대편의 양손을 잡는다.
12	섬기며	3		상대편과 손을 잡은 채 좌우로 흔든다.
13	서로 나누고 서로	5		"나"할 때 상대편과 잡은 손을 양옆으로 벌리며 상체를 오른쪽 앞으로 내밀었다가 "서로"에서 제자리 한다.
14	아끼면	3		⑬과 같은 방법으로 왼쪽으로 한다.
15	우리들이 꿈꾸는	5		오른손, 왼손 차례로 가슴손한다.
16	아름다운	4		양옆으로 팔을 펼쳐 내린다.

번호	가 사	박자	도 해	해 설
17	주의 나라	2		상대편과 같은 쪽 손바닥을 마주 댄다.
18	이뤄지	1¾		⑰과 다른 손도 ⑰보다 약간 높은 위치에서 마주 댄다.
19	리	4¼		⑰,⑱과 동일하게 해서 양손을 위로 올린다.
20	∼	4		앞사람과 양손을 4번 마주친다.
21	도와	2		오른손으로 상대편과 어깨동무를 한다.
22	주고	2		왼손도 오른손과 같이 한다.
23	안아 주고	4		상대편을 안고 토닥여 준다.
24	나눠주고	4		손바닥이 위로 향하게 양손을 펴서 앞으로 내밀었다가 허리손한다.
25	업어주면	4		뒷짐지고 어깨를 한번 으쓱인 후 허리손한다.(아이를 업은 것처럼)
26	우리	2		자기 오른손으로 상대방의 오른손을 잡는다.
27	들이	2		자기 왼손으로 상대방의 왼손을 잡는다.
28	사는 세상	4		양손을 엇갈려 잡은 채 오른쪽으로 고개를 기울였다가 제자리 한다.
29	아름다운 세상이 되	4		양손을 엇갈려 잡고 위로 올린다.
30	리	4		양손을 펼쳐서 아래로 내린다.

* 교회에 모인 모든 사람들이 아름다운 주님의 나라를 만들어가기를 소망하며 만들어진 곡이다. 율동을 같이 하면서 서로를 섬기는 의미에 대해서 생각해 보도록 만들었다.

81 알 수 있어

작사 이형구
작곡 김수지

하 늘을보아도 알 수 있 어 하나님살아 계 심을
새 들을보아도

강 -물을보아도 - 알 수 있어 - -하나님살아 계심을 온 세상
꽃 -들을보아도

만 물들다보아 도 우린알수있 어 - -하나님살아 계 심을 어 제도
나 는알수있 어

오 늘도내일도 영 원히함께하 실 나 의 하나 님

번호	가 사	박자	도 해	해 설
1	하늘을 보아	4		양손을 아래서부터 위로 둥글게 돌려 양손 바닥이 앞에서 보이게 하여 옆으로 나란히 붙인다.
2	도	2½		①의 상태에서 양손을 옆으로 벌린다.
3	알 수 있어 하나님 살아	5½		오른손을 천천히 머리 옆부분으로 가지고 와 "어"할 때 머리 옆부분을 살짝 친 후 팔을 서서히 편다.
4	계심을	4		③의 상태에서 팔을 돌려 위로 올린다.
5	강물을 보아도	6½		손바닥이 아래로 향하게 양손을 펴서 앞에서 작은 원을 그린 후 "도"할 때 강물이 흘러가는 것처럼 왼쪽으로 쭉 움직인다.
6	알 수 있어 하나님 살아	5½		오른손바닥으로 얼굴 앞을 오른쪽에서 왼쪽으로 움직이다가 "어"할 때 손바닥이 보이도록 손을 뒤집으면서 팔을 쫙펴 앞에서 옆으로 이동한다.
7	계심을 온 세상	4		④와 동일
8	만물들 다	3		손등이 위로 가게 양손을 펴서 양손을 가운데 앞에서 양옆으로 펼친다.
9	보아도 우린	3½		⑧의 상태로 앞을 보는 것처럼 고개를 오른쪽으로 돌린다.
10	알 수 있어 하나님 살아	5½		서서히 가슴손한다.
11	계심을 어제도	4		⑩의 상태로 팔을 아래로 펼쳐서 위로 올린다.
12	오늘도	2½		오른손을 오른쪽 어깨 뒤로 넘기도록 팔을 굽힌다.
13	내일도	1½		오른팔을 앞으로 쫙 편다.
14	영원히 함께 하실	7		손목을 안쪽으로 돌린다.
15	나의	3		⑭의 상태 그대로 가슴손한다.
16	하나님	3		⑮의 상태로 왼손을 돌려 위로 올린다.

번호	가 사	박자	도 해	해 설
17	새들을 보아	4		가지에서 새가 날아가듯이 오른손바닥이 아래로 향하게 펴서 오른손을 아래로 살짝 눌러주는 동작을 2번 반복하며 오른쪽으로 이동한다.
18	도 ♩	2½		새가 날개짓하는 것처럼 양팔을 부드럽게 아래로 내린다.
19	꽃들을 보아	4		오른손가락들을 다 벌려서 몸을 왼쪽으로 약간 틀며 오른손을 왼쪽으로 이동시킨다.
20	도 ♩	2½		왼손도 오른손과 같이하여 양엄지와 새끼 손가락이 완전히 붙도록 한다.

* 온 세상 모든 만물을 통해 하나님의 살아계심을 알 수 있음을 부드러운 멜로디로 표현했다. 율동을 할 때에는 강조할 부분들을 유의해서 하기 바란다. (도해에 진한 색으로 표시)

82 주님을 만나요

작사 이 형구
작곡 김 수지

번호	가 사	박자	도 해	해 설
1	✓주님을	2		오른손 엄지를 세우고 앞으로 내민다.
2	만나요	2		옆사람과 손바닥을 마주친다.
3	이시간 ﾐ	4		②의 상태로 손바닥을 각자의 오른쪽으로 한 박자에 한번씩 끊어서 돌린다.
4	┐찬양 가운데	3¾		③의 상태로 손끝을 각자의 입쪽에 갖다 대며 함께 고개도 숙인다.
5	주님을 ﾐ	4¼		④의 상태에서 마주댄 손을 서로 밀어 떨어뜨려 허리손한다.
6	┐모든 것 모아 찬양	4		앞에서 손바닥이 보이게 손을 펴서 안쪽으로 손을 돌리면서 양손을 가운데로 모은다.
7	드릴 때 ﾐ	4		양손을 옆으로 펼쳐 내린다.
8	✓주님을	2		오른손을 위로 든다.
9	만나	1¾		오른손을 상대를 향해 앞으로 내민다.
10	요	3¼		⑨의 상태로 상대를 향해 고개를 끄덕인다.
11	ﾐ	1		허리손한다.
12	만나	1¾		양손을 잡는다.
13	요 ✓	2		양손목을 잡는다.
14	만나	2		양팔뚝을 잡는다.
15	요 ﾐ	2¼		허리손한다.
16	┐사랑의 주님	3¾		손바닥으로 가슴에 하트 2개를 그린다.

번호	가사	박자	도해	해설
17	을	4¼		오른손 엄지를 세우고 위로 올린다.
18	언제나 내안에	8		⑫-⑮와 동일
19	계신 주님을	8		⑯,⑰과 동일한 방법으로 하되 하트 2개를 그릴 때 오른손 엄지를 세운다..
20	동일			①-⑦과 동일
21	주님을	2		오른손을 위로 든다.
22	만나	1¾		왼손도 위로 든다.
23	요	4¼		양손을 앞으로 내밀고 고개를 숙인 후 허리손한다.

* 이 곡은 길지만 반복이 많아 쉽고 재미있게 부를 수 있는 곡이다. 유, 초등부 찬양 시작 시간에 부르면 좋은 곡이다. 언제나 내 안에 계신 주님을 찬양 가운데 만날 수 있도록 해보자.

83 무슨 생각 하든지

작사 양승헌
작곡 송세라

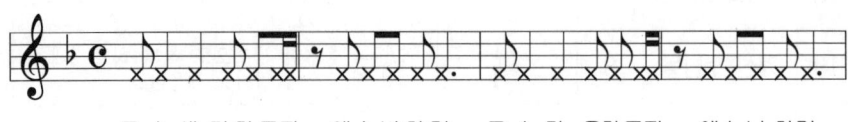

번호	가 사	박자	도 해	해 설
1	무슨 생각하든지	4		양손바닥을 머리 옆에 대고 오른쪽으로 한번 왼쪽으로 한번 고개를 숙인다.
2	예수님	2		오른손의 엄지를 세우고 앞으로 내민다.
3	처럼	2		옆사람과 손바닥을 마주친다.
4	무슨	1½		오른손바닥을 입앞에 갖다 댔다가 앞으로 내밀며 뗀다.
5	말을 하든지	2½		④의 상태로 왼손도 똑같이 한다.
6	예수님 처럼	4		왼손으로 ②,③과 같이 한다.
7	무슨	1½		양손 주먹 쥐고 한 손은 세우고 한 손은 옆으로 눕혀서 2번 흔든다.
8	일을 하든지	2½		⑦과 반대로 손 모양을 하고 역시 2번 흔든다.
9	예수님처럼	4		양손으로 동시에 ②,③과 같이 한다.
10	예수님 처	4		손목을 안으로 돌리면서 오른손 엄지를 세운다.
11	럼	3		⑩의 상태로 왼손도 오른손과 같이 한다.
12	나는 예수님을	4		오른손바닥으로 자기 가슴을 치고 엄지를 세우며 앞으로 내민다.
13	따라가는	3		⑫의 상태로 왼손 주먹 쥐고 오른팔을 따라 앞으로 가면서 2번 찍는다.
14	흔	2		반박자 쉬고 3번 손뼉 친다.
15	예수님 제	4		오른손, 왼손 순으로 차례로 오른쪽 사람어깨에 올린다.
16	자	3		⑮의 상태로 앞으로 고개한번 숙인다.

번호	가 사	박자	도 해	해 설
17	나는 예수님을 닮아가는	7		⑫,⑬과 똑같이 반대편으로 한다.
18	ㅎ	2		⑭와 동일
19	예수님 제자	7		⑮,⑯과 똑같이 왼쪽으로 한다.
20	예수님 처	4		양손목을 동시에 안으로 돌리면서 양손의 엄지를 세운다.
21	럼	3		⑳의 상태 그대로 양손을 위로 올리면서 안쪽으로 돌린다.

* 일어나서 잠자리에 들기까지 우리는 정말 예수님의 제자다운 말과 행동을 했었는지 생각을 해보자. 랩으로 되어 있는 부분은 아이들이 참 좋아하는 부분이고 이런방법으로도 하나님을 찬양할 수 있음을 보여주는 곡이다. 율동을 할 때에 쉼표에서 박자를 세 번치는데 반박자를 치고 나가는 것임에 유의하자.

84 하늘 하늘 구름도

작사 선 준호
작곡 송 세라

하늘 하늘 구름도 산 들산 들바람 도 예수님만 찬양하지 요

어 - 여 쁜 꽃들도 지저 귀는 새들도 예수님만 노래하지 요

번호	가 사	박자	도 해	해 설
1	하늘하늘 구름도	4		1박자에 1번씩 구름을 만지는 것처럼 손을 구부리며 왼쪽으로 큰 부등호 모양처럼 왼쪽아래에서부터 왼쪽 위로 손을 올린다.
2	산들산들 바람도	4		손바닥이 앞에서 보이게 손을 펴서 지그재그로 아래로 내린다.
3	예수님만	2		양손 엄지를 세우고 앞으로 내민다.
4	찬양하지	2		양손 주먹 쥐고 입 앞에 갖다댄다.
5	요	4		④의 상태에서 손 펴고, 팔 피며 오른쪽 앞으로 내밀었다가 다시 원위치하고 같은 방법으로 왼쪽도 했다가 다시 원위치 한다.
6	어여쁜 꽃들도	4		양손을 펴서 손바닥으로 턱 밑을 괴고 고개를 오른쪽으로 내밀고 제자리하고 왼쪽으로 내밀고 제자리 한다.
7	지저귀는 새들도	4		조가비 손을 하며 입 앞에서 양옆으로 벌린다.
8	예수님만 노래하지	4		③,④와 동일
9	요	3		⑧의 상태로 손 펴고, 팔 피며 앞으로 내밀었다가 다시 원위치 한다.
10	〜	1		팔을 약간 벌려 앞으로 뻗는다.

* 여성스러운 유치부 곡이다. 한음한음을 정확히 살려주며 톡톡튀는 듯한 신선한 느낌으로 율동에 맞춰 불러보자.

85 바람따라

작사 선준호
작곡 윤석호

바람따라 춤을추는 꽃들도   이슬비에 목욕하는 새들도

정말정말 예수님을 찬양해요 -   모두모두 예수님께 감사해요 -

번호	가 사	박자	도 해	해 설
1	바람 따라 춤을 추는	4		엄지와 네손가락을 구부려서 동그라미를 만들어 자연스럽게 돼지꼬리 모양으로 돌리며 왼쪽으로 이동한다.
2	꽃들	2		①의 상태에서 오른손바닥이 앞으로 향하게 하여 손을 편다.
3	도≷	2		왼손도 오른손과 같이 편다.
4	이슬비에	2		오른손의 엄지와 검지로 원을 만들었다가 물방울이 퍼지는 것처럼 검지를 튕겨 편다.
5	목욕하는	2		왼손도 오른손과 같이 한다.
6	새들	2		양손을 겹쳐서 입앞에 갖다 대고 새의 부리처럼 양손목을 한번 꺾는다.
7	도≷	2		양팔을 옆으로 옮기고 한번 꺾는다.
8	정말정말 예수님을	4		양손을 어깨에 얹고 오른쪽 어깨를 앞으로 내밀며 한번 으쓱이고 왼쪽 어깨를 앞으로 내밀고 으쓱인다.
9	찬양해	1¾		손바닥이 앞에서 보이게 하여 손을 펴고 손바닥이 직각으로 되게 위치시켜서 양손을 바깥쪽으로 2번 흔든다.
10	요≷	2¼		⑨와 반대로 직각이 되게 해서 바깥쪽으로 손을 흔든다.
11	모두모두 예수님께	4		양팔을 앞에서 옆으로 펼친다.
12	감사해요≷	4		옆사람과 손을 잡고 인사한다.

* 구체적인 사물들을 제시함으로 저학년 아이들이 쉽게 이해할 수 있도록 만들어진 곡이다.

86 하나님 뿐 이라네

작사, 곡 송 세라

♩. = 45

십자가를 지 - 시고 골고다에 오르신 -

예수님을 생각해요 죽으신예수님을 -

머리엔가시면류 관 - 온 몸엔 피흘린상 처 -

아들을 죽이심 은 - 우리를 구하기 위함인데 죄로

물든이 땅을 - 죄로가득찬우리를 - 아

없이사랑함 은 - 오직 하나님 뿐이라 네 -

번호	가 사	박자	도 해	해 설
1	십자가	3		손가락을 구부려서 "ㄷ"형으로 오른손을 만들고 왼쪽에서 오른쪽으로 십자가의 가로선을 긋는다.
2	를	3		왼손도 오른손과 동일하게 구부려서 앞에서 손등이 보이게 하며 오른쪽으로 약간 치우쳐서 세로선을 그린다.
3	지시고	6		양손을 그대로 겹쳐 잡으면서 오른쪽 어깨 위에 오른 손등이 닿도록 올려놓는다.
4	골고다에	5		③의 상태로 몸을 오른쪽으로 확 주저앉는 느낌이 들도록 기울였다가 원위치 한다.
5	오르신	7		양손을 잡고 왼손등이 닿도록 왼쪽어깨로 옮긴 후 "신"할 때 왼쪽으로 ④와 같이 한 후 원위치 한다.
6	예수님을 생각해요	12		오른손 엄지세우고 왼손으로 오른손 밑을 받쳐 오른쪽에서 왼쪽으로 한바퀴 돌리며 가슴손한다.
7	죽으신	3		⑥의 상태 그대로 오른손목을 뒤로 젖힌 채 팔을 약간 위로 편다.(못박힌 손)
8	예수님	3		왼팔도 오른팔과 같이 한다.
9	을	6		⑧의 상태로 고개를 떨군다.
10	머리엔	3		⑨의 상태로 오른손을 펴서 머리 옆에 갖다 댄다.
11	가시 면류	3		왼손도 오른손 같이 한다.
12	관	6		양손의 손가락이 앞으로 튀어나오게 이마 앞에서 양손을 깍지 낀다.
13	온몸엔 피흘린 상	6		⑫의 상태 그대로 양손을 아래로 내린다.
14	처	6		⑬의 상태에서 앞에서 손등이 보이게 뒤집어서 오른쪽 옆구리에 갖다 대고 왼쪽 옆구리에 갖다 댄다.
15	아들을 죽이심	6		오른손 엄지를 세우고 위로 올린다.
16	은	6		손등이 앞을 향하게 왼손을 펴서 오른손 엄지를 가리며 아래로 내린다.

번호	가 사	박자	도 해	해 설
17	우리를	3		양손을 자기 가슴에 갖다 댄다.
18	구하기	3		양손을 겹쳐서 그대로 앞으로 내민다.
19	위함인데	5		⑱의 상태로 위로 올린다.
20	죄로 물든 이 땅	7		왼손목을 뒤로 젖힌 채 위로 올려 오른손으로 주먹 쥐고 왼손목을 2번 두들긴다.
21	을	5		오른손을 편 채로 앞에서 오른쪽 옆으로 팔을 펼친다.
22	죄로 가득한 우리	7		오른손목을 뒤로 젖히고 위로 올려 왼손을 주먹 쥐고 2번 두들긴다.
23	를	5		왼손을 가슴손한다.
24	아낌없이 사랑함은	12		㉓의 상태로 오른팔을 한바퀴 돌려 가슴손한다.
25	오직 하나님 뿐이라	7		가슴 앞에서 한 손은 주먹 쥐고 다른 한 손으로 주먹쥔 손을 감싼다.
26	네	6		양손을 옆으로 세워 똑바로 위로 펼친다.

* 고난 주간이 되면 우린 예수님의 고난과 부활에만 초점을 맞추곤 한다. 이 찬양은 누리를 위해 자신의 하나뿐인 독생자를 아낌없이 주신 아버지 하나님의 마음에 초점을 맞춘 곡이다. 자신의 아들보다도 우리를 사랑하신 하나님. 우리를 그토록 사랑하여 주시는 하나님의 은혜를 느껴보자.

87 꿈꾸는 아이로

번호	가사	박자	도해	해설
1	꿈꾸는	4		양팔을 위로 올려 양옆으로 끊어서 펼쳐 내린다.
2	아이로	4		양팔을 옆으로 벌리고 비행기 타는 것처럼 팔을 좌우로 한번씩 기울인다.
3	만들어 주시고	7		양손으로 허리 두번 찍고, 어깨 두 번 찍고 머리를 두 번 찍는다.
4	〜	1		양팔을 위로 든다.
5	꿈꾸는 아이로	8		①,②와 동일
6	자라게 하시	3½		양손을 구리구리하면서 위로 올린다.(키가 자라고)
7	니	3½		양팔을 옆으로 쫙펴며 두 번 민다.(몸이 자라고)
8	〜	1		양팔을 위로 쫙 올린다.
9	주의 꿈을 펼치	4		위에서부터 아래로 손을 내리면서 1박자에 1번씩 손가락을 튕겨서 손바닥이 앞에서 보이게 하여 손을 편다.
10	는 〜	3½		팔을 양옆으로 펼친다.
11	믿음의	3		한손씩 손을 피고 팔을 직각으로 굽혀서 손목 안쪽의 높이가 눈높이와 같아지도록 위치시킨다.
12	아이	1½		왼팔도 오른팔 옆에 붙여서 오른팔과 동일하게 한다.
13	로	2½		⑫의 상태에서 팔을 아래로 내린다.
14	〜	1		양손을 잡는다.
15	날마다 날마다 〜 난	9		⑭의 상태로 오른쪽 어깨 뒤로 두 번 넘기고, 왼쪽 어깨 뒤로 두 번 넘긴 후 "난"에 원위치 한다.
16	살아	2		오른손으로 남자가 허리손하는 자세로 허리손한다.(이 때 왼손은 여자가 허리손하는 자세로 허리손하고 있는다.)

번호	가 사	박자	도 해	해 설
17	가리	1½		왼손도 오른손처럼 허리손한다.
18	라	2½		⑰의 상태로 몸전체에 한번 살짝 반동을 준다.
19	∫주의	2		오른손을 손바닥이 앞을 향하게 펴서 위로 올린다.
20	나라 위하	3½		오른손을 위에서 깃발 돌리듯이 돌려준다.
21	여	2½		몸을 왼쪽으로 약간 틀어 오른손을 왼쪽 허리에 갖다 댄다.
22	∫주의	2		오른손을 다시 위로 든다.
23	백성 위하	3½		㉒의 상태로 왼손 엄지를 세우고 왼손 엄지로 오른쪽 어깨를 한번 찍고 왼쪽 어깨를 찍는다.
24	여	2½		몸을 오른쪽으로 약간 틀어 왼손을 오른쪽 허리에 갖다 댄다.
25	↵멋지게	2		왼손을 위로 든다.
26	멋지	1½		㉕의 상태에서 양팔을 오른쪽으로 약간 옮기면서 손목을 돌려 양손바닥이 앞으로 향하게 한다.
27	게	2½		양팔을 왼쪽으로 약간 옮겨 ㉖과 같이 한다.
28	주님과	1½		양손을 머리 위에서 잡는다.
29	함께	2½		㉘의 상태로 양손을 아래로 내린다.
30	∫살아가리라∫	8		⑯-⑱와 동일

* 요즘 많은 아이들이 꿈이 없어서 비관을 하고 자살을 하곤 한다. 성경에 보면 요즘 흔히들 말하는 왕따를 당한 아이가 있다. 바로 요셉이다. 하지만 요셉은 꿈이 있었기 때문에 좌절하지 않았고 결국 주님의 섭리하심대로 자신의 민족을 기근으로부터 구원하는 결과를 낳게 되었다.

88 자라가요

작사 하희옥
작곡 송세라

번호	가 사	박자	도 해	해 설
1	나는	2		오른손을 가슴손한다.
2	나는	2		왼손도 가슴손한다.
3	자라가	1¾		양손을 머리손한다.
4	요〜	2¼		③의 상태로 양팔을 쭉 뻗어 머리위로 올린다.
5	뽈록뽈록	2		양손 주먹 쥐고 얼굴 오른쪽 옆에 위치시키고 오른손을 왼쪽으로 왼손은 오른쪽으로 1박자에 한번씩 비튼다.
6	(록)쑤욱	2		양손 주먹 쥐고 얼굴 왼쪽 옆에 위치시키고 ⑤와 같이 한다.
7	쑥쑥	1½		양손 주먹 쥐고 얼굴 양옆 아래에 위치시키고 흔들어 준다.
8	쑥〜	2½		⑦의 상태에서 양손을 위로 쭉 올린다.
9	나는 나는	4		①,②와 동일
10	자라	1		⑨의 상태에서 양팔꿈치를 든다.
11	가요〜	3		⑩의 상태에서 양팔을 옆으로 쫙 벌린다.(옆으로 살이 찌는 것처럼)
12	믿음	1		머리 위에서 양손을 잡는다.
13	으로〜	3		양손을 그대로 가슴 높이로 내린다.
14	자라가	1¾		⑬의 상태로 양손을 오른쪽 어깨위로 올렸다가 원위치 한다.
15	요〜	2¼		왼쪽 어깨위로 양손을 올렸다가 원위치 한다.
16	내 친구	4		오른손으로 가슴손한 후 오른쪽 옆에 있는 친구에게 어깨 동무한다.

번호	가 사	박자	도 해	해 설
17	를 내 몸처럼	4		⑯의 상태로 몸을 오른쪽으로 숙였다가 바로 한다.
18	사랑하고	4		⑰의 상태로 왼손도 ⑯과 같이 한다.
19	안아 주며	4		⑱의 상태로 ⑰과 같은 방법으로 왼쪽으로 한다.
20	내 친구	4		⑲의 상태로 오른손으로 상대방의 어깨를 한번 두들긴 후 가슴손한다.
21	를 내 맘처럼	4		왼손도 ⑳과 같이 한다.
22	기도하며	4		기도손한다.
23	자라가요	4		기도손한채로 양손을 아래로 2번 끌어당긴 후 "요"할 때 위로 올린다.

* 우리 선생님들은 자신들이 가르치는 아이들의 믿음이 자라가는 것을 볼 때 가장 가르친 보람을 느낄 것이다. 이처럼 하나님도 우리의 믿음이 자라가는 것을 보실 때 가장 기뻐하실 것이다.

89 우리 주님께

작사, 곡 송 세라

주님의 발에 향유를 부은

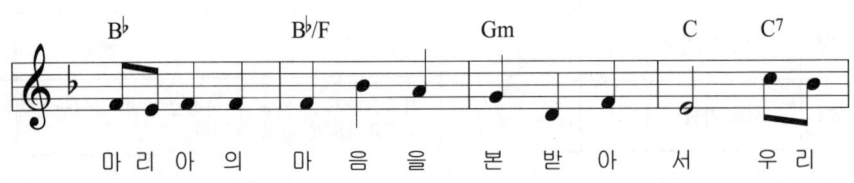
마리아의 마음을 본받아서 우리

주님께 가장 귀한 것 드려 주

의 마음을 기 - 쁘게 할래요

번호	가 사	박자	도 해	해 설
1	주님의 발에	5		양손바닥으로 무릎 윗부분부터 허벅지를 따라 몸위로 쓸어 올리다가 "발에"할 때 양손 엄지를 세우고 앞으로 내민다.
2	향유를 부	4		①의 상태에서 양손의 손가락들을 맞붙여 하트 모양을 만든다.
3	은	3		②의 상태에서 양손의 맞붙인 엄지를 들며 물을 붓듯이 손을 앞으로 숙인다.
4	마리아의	3		오른손을 가슴손한다.
5	마음을	3		④의 상태로 오른손을 그대로 앞으로 펴서 내민다.
6	본받아	3		왼손을 펴서 오른손 밑으로 갖다 댄다.
7	서	2		⑥의 상태로 양손을 그대로 왼쪽 가슴으로 가져온다.
8	우리 주님께 가장	6		⑦의 상태에서 오른손의 엄지를 세우면서 오른손을 위로 올린다.
9	귀한 것	3		⑧의 상태로 왼손을 가슴 앞에서 주먹 쥔다.
10	드려	3		왼손을 손바닥이 위로 향하게 펴면서 오른손 옆으로 올린다.
11	주님의 마음을	6		양손을 피면서 둥글게 아래로 내린다.
12	기쁘게 할래요	7		⑪의 상태에서 둥근 곡선을 그리며 (웃는 입모양:U) 양팔을 위로 올린다.

* 죽음을 준비하시던 예수님께 자신의 가장 귀한 것을 드린 마리아는 예수님으로부터 복음이 전파되는 곳에는 이 여인의 이름도 전파될 것이다라는 칭찬을 받았다. ("성경을 읽으면 인생이 보인다"의 마리아 챕터를 읽어 보면 더 도움이 될 것이다.)율동을 할 때에는 각자의 손에 자신이 가장 소중하게 생각하는 것들을 적어서 율동을 통해 하나님께 드릴 수 있도록 시도해 보는 것도 좋을 것이다.

90 기도손 모으고

작사 이 형구
작곡 김 수자

예쁜손 꼭 잡아 두손을 모으고 예쁜눈 꼭 감고 무릎을 꿇고 -서 -
예배를 드리는 이 시간 기도를 하나님만 나는 이 시간 기도 -를

하나님 아버지 이름을 부르면 기도의 소리는 하나님 앞으로
우리의 마음을 모아서 기도를 하늘의 소리를 들어요 다함께

91 나의 주님

작사 이영미
작곡 조현주

92 나 이제 주님만

작사 김보연
작곡 김주애

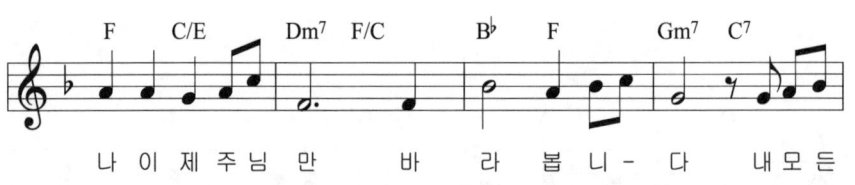

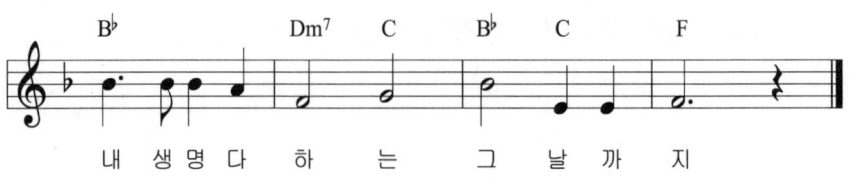

95 예수님 사랑해요

작사, 곡 송 세라

96 예수님 얼굴

작사 선준호
작곡 김주애

기쁨 가득 웃음가득 예수님 얼 굴

주님얼굴 닮 아 살아갈래 요

근 심얼굴 무서운 얼굴 싫 어 요정 말 나 는싫 어요

사 랑 가 득 예 수님얼굴 닮고싶어 요

97 온누리에

작사 이 형구
작곡 김 수지

100 한 마음

작사 오명화
작곡 여상원

춤추며 찬양해 2

1쇄 인쇄 / 1999년 3월 15일
4쇄 발행 / 2007년 3월 10일

펴낸이 / 양승헌
펴낸곳 / 주)도서출판 디모데 〈파이디온선교회 출판 사역 기관〉

등록 / 2005년 6월 16일 제319-2005-24호
주소 / 서울 강남구 포이동 164-21번지 파이디온 빌딩
전화 / 영업부 031) 908-0872
팩스 / 영업부 031) 908-1765
홈페이지 / www.timothybook.com

값 8,000원
ISBN 89-388-0254-X
Copyright ⓒ 주)도서출판 디모데 2004 〈Printed in Korea〉